Rethinking
Reconstructing
Reproducing

*

———

"精神译丛"
在汉语的国土
展望世界
致力于
当代精神生活的
反思、重建与再生产

———

*

Il futuro della democrazia

Norberto Bobbio

精神译丛·徐晔 陈越 主编

[意]诺伯托·博比奥 著　王宇平 译

民主的未来

西北大学出版社

诺伯托·博比奥

目 录

1995年版说明 / 1
导言 / 5
1984年版说明 / 14

第一章 民主的未来 / 23
第二章 代议制民主与直接民主 / 53
第三章 民主的制约 / 81
第四章 民主与无形的权力 / 105
第五章 新旧自由主义 / 137
第六章 当前探讨的契约与契约主义 / 163
第七章 人治还是法治 / 189
第八章 民主与国际体系 / 219

人名索引 / 243
译后记 / 253

1995年版说明

在我生命的最后阶段,我并不期望获得比以往奖项更高的荣誉①,包括审阅基金会章程带给我的荣誉,而是寻求"人道主义理念","希望鼓励世界文化、科学和更值得开创的人道主义(诸如和平与友爱),不再有民族的、种族的和宗教的歧视"。

我所关注的是法学与政治学,尤其是政府的民主。这些工作的价值由不得我来评判。许多学者和我有一样的经历,如果需要我来对自己和他们进行评判和比较,我会觉得有点为难。这也因为当人到了一定年龄时,对他进行进一步观察已无意义。当你想到你已经完成的作品时,你应当感到高兴,你会知道这是一部你梦寐以求的最佳作品,最终的作品是你从未写过的题材,挑战了你的极限。今后你也不会写出如此优秀的作品,因为你不再有时间、不再有写作的渴望,也不再有充沛的精力。我自己不会对这部作品做出评价,而是把这一权力留给他人。我要谢谢你们为我的作品做出的评价,你们的判断使我高兴,也使我有点胆怯,当我

---

① 诺伯托·博比奥于1994年凭《法律与政治学》(*Il Diritto e scienza delle politiche*)一书被意大利猞猁之眼国家科学院(Accademia dei Lincei)授予巴尔扎恩奖(Premio Balzan)。

处于困境时,这激励我继续前进,不断超越自己的极限。

我的作品由许多书、文章、演讲的分散片段组成,涉及多方面的话题,我自己将这些话题组合起来,做了汇总。我的作品中很大一部分是对起源和结果,对历史、现状和未来,以及对民主的研究,想要驳倒并不容易,任何不带偏见的读者瞥一眼我的文献目录就心中有数了。

我属于受过哲学、文学和政治教育的一代人,我们的时代被称作"专制的年代"。但我有幸在都灵法学院认识了许多教授,如弗朗切斯科·鲁菲尼(Francesco Ruffini)、路易吉·埃伊那乌迪(Luigi Einaudi)和乔艾莱·索拉利(Gioele Solari),即使是在我们国家最黑暗的那段时期,他们也能自由地评价人类和历史事件。在那些年里,贝奈戴托·克罗齐(Benedetto Croce)告诫的声音也从未中断过。当法西斯在我们国土上开始蔓延时,我们清楚地知道我们的任务是做好文化方面的准备,为的是更新我们的制度,恢复意大利的自由和民主。

1944年是德国军队占领欧洲的最后一年,我准备了一篇审慎的导言和一本卡罗·卡塔内奥(Carlo Cattaneo)作品集,希望能光荣地寻回那业已消失的意大利复兴运动的共和传统。最初我在《行动党日报》(Quotidiano del Partito d'Azione)担任记者,这是一段不堪回首的尝试,朋友弗兰克·温杜利(Franco Venturi)完成了《司法和自由》(Giustizia e libertà),我写的文章主题也都是"为什么选择民主?"和"哪种民主?"。第一篇在杂志上发表的——也在《行动党日报》上——是《现代国家》,被改名为《国家和民主》(Stato e democrazia)。1946年开放的社会中,我接触到波普尔(Popper)和他朋友们的作品,那时都是公开发表的。战后,也是

1946年，我受托为帕多瓦大学的学年文集写第一篇引言，我选择的主题是"人和国家"，这篇文章描述了民主以人为本，应当以政府的形式体现出来，反对极权主义。极权国家的存在是我们需要操心的问题。民主不仅仅是我们的希望，也是我们奋斗的方向。我承认我与新加入的人们一样，有着激情和天真。追随着前人的研究，我觉得自己不再天真，至少不再那么天真。即使幻想已经破灭，但是我认为激情依然存在，并且相信有这样一个世界，在这个世界中，民主不仅仅是在单个国家的内部，而且在整个国际范围内不断扩张和增强。经验告诉我们，民主在扩张的同时，也有着堕落和腐化的危险，因为民主会一直面对无法预知的困难，并需要在不改变自己本质的前提下克服这些困难，它也需被迫去适应新的传递公众意见的媒介和交流工具的改变，这些新的形式和工具赋予了民主新生命，也限制着民主腐化。

我在自己最著名的一本书《民主的未来》（出版于1984年）中，提到了有关"无法预知的困难"这个主题，这样的困难会造成民主前途未卜，不知道这本书是否被广泛阅读。在此书前言的最后我写道，在面对左翼和右翼的对手时，我始终相信理性的力量。历史推翻了一部名为《民主如何消失》（*Come finiscono le democrazie*）的书的结论，这本书中写道，面对共产极权主义不可战胜的力量，民主终将消亡，然而事实却完全相反。我不想说当今世界上的民主完全没有问题，但那些极权国家的确接二连三地失败了。在1991年第二版的前言中，我无法确认世界上飞速增长的民主国家的数目。尽管我们需要谨慎对待那些在他们漫长的一生中见证了自由不断胜利或失败的人们，但我也问自己：如果没有出现专制的年代和民主的年代，这些人又会是怎样的？

当我写着这些文字时,我书桌上有一本法语小书的意大利译本,书名为《民主的结局》(*La fine della democrazia*),其中提出了一个问题:"到了 2000 年,民主还能幸存吗?"我不愿出错,但我认为这是对民主失去信心、妄自尊大或谴责民主等没落时期的弊病表征。昨天,我们直接听说了历史的终结(La fine della storia);前天,我们听说了革命的终结;而这些年来,我们听说了那些关于发展进步的神话的终结。那些认为后现代时期已经开始的人们,宣告了现代性的终结。民主的终结(La fine della democrazia)这一理念却完整地再次走进了新千年。我们在新千年等待着一切的发生。然而"民主的终结"不过是一种猜想,反之也一样。我没有充分合理的论据去认为前一个猜想比后一个更有可能性。不过,倘若我不使用自己微弱的能力试图去理解这些问题,那我的能力只能变得更微不足道,无论如何,希望我有强大的能力来回应这些问题,不再有疑惑。

诺伯托·博比奥

1994 年 11 月 16 日写于罗马

导　言

在本书第一版出版后,我注意到在导言中提到了与评论家们悲观的预测相悖的内容,他们忧虑世界各地民主的存在,民主制度至少在欧洲是不断扩展的,与此同时在苏维埃世界却是"民主的冲击遭遇了重创"。没过几年,这些"冲击"带来了巨变,它们快速转型为民主政体,尽管那些东欧的共产主义政体仍处于初级阶段,它们当中既有卫星国,也有曾共同处于苏联指导下的国家。在拉丁美洲也是如此,例如智利和阿根廷,那里军事独裁显然根基稳固,后来也不得不屈从于民众的压力,并随之倒台。

这一次,灾难预言家们错了,包括那些仔细描述"现代社会成了消灭民主的无情机器"①的人们。

此外,关于民主是一种政府软弱、胆怯的表现形式,注定要被独裁国家所摧毁的谴责由来已久,从存在独裁国家并挑战民主存活的年代起便有了。著有《非左非右》(Ne destra ne sinistra)一书的知名作者斯坦贺尔(Zeev Sternhell),在接受《复兴》(Rinascita)

---

① J. F. Revel:《评论消失的民主》(Comment les democracies finissent,1983),我引用了意大利译本《民主如何消失》(Come finiscono le democrazie, Milano：Rizzoli,1984)第 II 页中的内容。

杂志①的采访中回忆道,现代民主从一出现便因为相同的理由而被批判:在19世纪70年代,法国在与普鲁士的战争中失败,这催生了无数如下论调的拥护者,认为德国的封建社会仍具备活力,**古代政体**的贵族等级秩序占据了主导地位。占据上风的还有"反之,在一个社会上由于不详的民主价值观而使社会变得腐朽",这论调往往被认为来自右翼反动派,会造成严重的危害和毁灭性的混乱。在民主被认为是胆怯的形式之后,同样的谴责也一直在重复。民主被贬低为"平庸主义"(mediocrazie),这种观点简直就像打赢了两次反民主国家的世界大战。为了不再说到第三次,1989年柏林墙的倒塌带来了不战而胜,并对此作结。

显然,我没有对未来下赌注,历史是不可预见的。如果历史上的哲学信誉不佳,在于它们尽是马后炮而不做预测。在过去的几个世纪里不同的历史哲学前后相继地宣称,实际发生的历史也不能否认它们。托克维尔(Tocqueville)也有一个著名的"预言":历史哲学并非指出现了统治世界的两个大国——美国和俄罗斯,也不是为事实精准地作证,二者中有一个会垮台。最接近事实的可能是黑格尔的历史哲学,即文明的进展需要持续经历东方和西方的民主运动。这个预言更惊人的是黑格尔认为民主会停留在欧洲,当民主朝着一个方向持续运动时,会由欧洲移向美国,在美国由西海岸移向东海岸。然后这个轨迹会注定

---

① 《两个右派》(*Le due destre*),佐夫·斯坦贺尔的采访,由詹南杰利(U. De Giannangeli)编辑,《复兴》(*Rinascita*)第46卷第15期,1989年4月22日,第15-17页。

向日本移动——预言不尽是空穴来风——这个民主运动循环可能会停止。这或许是空间或地理上的循环,与古代的民主循环不同,古代的循环是按照年月顺序或时间顺序来的,因此的确更为历史化。

尽管没有对未来下赌注,但不能否认如果不从历史哲学家的角度而仅仅从现有年代史编者的角度来看,就得遵照事实,不允许随意揣测:现存的民主不但幸存下来,而且出现了新的民主,或者在那些从未有过民主的地方出现了民主,又也许是民主在独裁政权或武力之下被消灭。法国历史学家艾利·哈勒维(Elie Halevy),在第一次世界大战后写了一本名为《专制时代》(*L'ere des tyrannies*)的书。我们的时代或许可以被称为"民主时代"(*L'ere des democraties*),希望我这么说不会显得很冒失。

近年来,民主变成了所有重大的、理论上与实践上的政治问题的共同"分母"。

民主和自由主义:经典话题,有现实意义。我本人也写过一本有关这个主题的书,多次再版①。民主和社会主义:来自弗兰克·坎宁安(Frank Cunnigham)的《民主理论和社会主义》(*Democratic Theory and Socialism*)意大利语版本②,坎宁安是 C. B. 麦克弗森(C. B. Macpherson)的弟子。民主和社团主义(corporativismo)或企业国家(coporate state):这两者的辩论在意大利快速

---

① 米兰:弗兰克·安杰利出版社(Franco Angeli),1985。
② 《民主理论和社会主义》(*Teoria della democrazia e socialismo*),1991 年于罗马再版。

蔓延开来,这个主题是十多年前由德国政治学家菲利普·C.施密特(Ph. C. Schmitter)①通过其作品提出来的。《民主或技术统治》(Democrazia o tecnocrazia)②是罗伯特·达尔(Robert Dahl)最近出版的一本书。民主和资本主义:《民主和资本主义》(Democracy and Capitalism)③是由塞缪尔·鲍尔斯(S. Bowles)和赫伯特·金蒂斯(H. Gintis)所著,我介绍这本书是因为在意大利,这个话题还没有出现应有的回应。《领袖与民主》(Leadership e democrazia)是一部集体作品,由卢西亚诺·卡瓦利(Luciano Cavalli)主笔,这部作品仍然提到了这个主题,这个主题也出现在我国宪法转

---

① 为总结讨论,参考了《社团主义政策的生成模式》(Patterns of Corporatist Policy Making),伦敦:萨奇出版社(Sage),1982,由 G. 莱姆布鲁赫(G. Lehmbruch)和菲利普·C. 施密特(Philippe C. Schmitter)编辑的杂文集,意大利译本名为《工业国家政治利益》(La politica degli interessi nei paesi industrializzati),博洛尼亚:穆里诺出版社(Il Mulino),1984。

② 博洛尼亚:穆里诺出版社(Il Mulino),1987,出版副标题为《核军队的控制》(Il controllo armi nuclear),后来将此作品的名字改成原名《控制核武,民主与监控》(Controlling Nuclear Weapons, Democracy Versus Guardianship),纽约:锡拉丘兹(Syracuse)大学出版社,1985。达尔最近被翻译的其他作品,《多元民主的困境》(I dilemma della democrazia pluralista),巴里:拉特尔扎(Laterza),1989;《经济民主》(La democrazia economica),博洛尼亚:穆里诺出版社,1989;《民主及其批判》(La democrazia e i suoi critici),1990年于罗马再版。

③ 其副标题是:《资产、共同体及现代社会思想的矛盾》(Property, Conmmunity and the Contradictions of Modern Social Thought),伦敦:劳特利奇 & 克肯·保罗出版社(Routledge & Kegan Paul),1986。

型的辩论中。① 且不说那些年代更早的书籍了，上面提到的这些书名中也概括了民主和其他观念或社会、国家形式组合的多样化，民主不时会出现：我要介绍乔万尼·萨托利(Giovanni Satori)的著名作品《民主和定义》(Democrazia e definizioni)，于 1957 年出版第一版，曾多次再版，并且被翻译成英语，最近又出了新版本，书中内容有大幅更新和增添，书名也改为《民主理论再议》(The Theory of Democracy Revisited)②。

随着有关民主书籍的不断出版，民主也作为一个事物与另一个事物进行对比的引证例子出现。但经常作为一种概念出现的民主需要分类：自由主义民主、社会主义民主、社团主义民主、人民民主(如今有点衰弱)，甚至极权民主、古代和现代民主、民粹民主或精英民主、多元民主、共识民主或多数民

---

① 帕多瓦：切达姆出版社(Cedam)，1987。L. 卡瓦利在《Mondoperaio》第 XLIII 卷，第 Ⅰ 和 Ⅱ 号中提到的两本书：《有领袖的民主，意大利的总统共和国》(La democrazia con un leader, la repubblica presidenziale in Italia)和《大转型及其敌人》(La grande riforma e I suoi nemici)，分别于 1990 年 10 月和 11 月出版，第 72 – 80 页，第 70 – 76 页，第 XLIV 卷 3 – 4 号分别于 1991 年 6 月和 7 月出版，第 4 – 11 页。

② 《民主和定义》，博洛尼亚：穆里诺出版社(Mulino)，于 1957 年出第 1 版，英语版本由底特律的韦恩(Wayne)州立大学出版社于 1962 年出版；《民主理论再议》分为两卷，新泽西：查塔姆出版社(Chatam)，1987。在此书的基础上我写了《乔万尼·萨托利的现实主义民主》(La democrazia realistic di Giovanni Sartori)，在《政治理论》(Teoria politica)第 Ⅳ 卷(1988)，第 Ⅰ 号，第 149 – 158 页。

主①,等等。各自为营的作者不会提议把民主的特有理论更新或再议,不会详细描述这多种民主政体中的一个新的类型。但也有让我们高兴的好书存在,此书名为《意大利式民主》(Democracy Italian Style)②,还可以称之为《民主在意大利》(Democrazia all'italiana),它能够做无数变化和引申,譬如民主在英国、在美国、在瑞典,等等。此书的作者是意大利杰出的著名学者约瑟夫·拉帕洛巴拉(Joseph La Palombara)。

数不清的关于"民主"的书籍出版,也补充了民主的种类。例如,乌格·斯比利多(Ugo Spirito)的名为《民主的批判》(Critica della democrazia,1963)一书。乌格·斯比利多是杰迪莱(Gentile)的学生,杰迪莱是研究左翼法西斯主义的著名理论家和思想家,终其一生他都想要找出批判法西斯和极端左翼之间的平衡点。1980年一场罗马大会中所讨论的关系和问题被收集在一本名为《民主的界限》(I limiti della democrazia)③的书中。非常著名并被广

---

① 这一关于民主的特别提法与详细阐释来自 A. 李帕特(A. Lijphart):《多数主义和21世纪的共识政府》(Patterns of Majoritarian and Consensus Government in Twenty-one Countries),伦敦:耶鲁大学出版社,1984;意大利译本名为《当代民主》(Le democrazie contemporanee),博洛尼亚:穆里诺出版社,1988。更普遍的是 D. 海尔德(D. Held)的《民主的模式》(Models of Democracy,剑桥:Polity Press,1987)一书,意大利译本名为《民主的模式》(Modelli di democrazia),博洛尼亚:穆里诺出版社,1989。

② 纽黑文(New Haven)和伦敦:耶鲁大学出版社,1987;米兰:蒙塔多利(Mondadori),1987。

③ 副标题为《现代社会的独裁和民主》(Autoritarismo e democrazia nella societa moderna),由 R. 斯卡尔德兹尼(R. Scartezzini)、L. 杰尔曼尼(L. Germani)和 R.

泛讨论的是 C. B. 麦克弗森(C. B. Macpherson)的《民主的真实世界》(*The Real World of Democracy*)(于1965年出版,有多个版本)一书。最近,当我正在写这些文字时,皮埃罗·巴塞罗那(Piero Barcellona)的《民主之蚀》(*L'eclissi della democrazia*)一书在议会对共和国总统有关宪法转型的咨文讨论中引起了极大的轰动:一份报纸对其做出了评论,认为这是"民主的困倦"(sonno della democrazia)。总之,**民主的未来**,这个我们之间谈及的标题,并不是原创,它在《民主的道路》(*La democrazia in Cammino*)之中,也在《困难的民主》(*La democrazia difficile*)之中,前者是玛利亚路易莎·奇卡莱塞所(Maria Lusia Cicalese)1988年与斯图尔特·密尔(Stuart Mill)、托克维尔(Tocqueville)和弗兰克·安杰利(Franco Angeli)在米兰进行的政治讨论的主题,后者是丹尼罗·佐罗(Danilo Zolo)的著作,1989年在罗马再版。但正如未来不能从过去中分离出来,请允许我得出尽快进入研究的结论,记住《从孟德斯鸠到凯尔森的欧洲民主史》(*Storia della democrazia in Europa da Montesquieu a Kelsen*),第一份丰富的、资料性的、能发挥作用的著作,为此,我们必须向萨尔沃·马斯泰罗内(Salvo Mastellone)致敬[①]。

在这本书出版后的几年里我常常忧虑和平的问题,因为我认为这个问题与民主紧密相关。一个世界范围内更加稳固的和平(即使康德写了著名的短文,指出了历史上活跃的和平主义阶段,

---

格力提(R. Gritti)编辑,那不勒斯:里国利出版社(Liguori),1985。其中有我的一篇文章《民主能够幸存吗?》(*Puo sopravvivere la democrazia?*),第41-49页。

① 都灵:乌德特出版社(L'tet),1986。因为这本书我推迟出版了我的《民主的两个世纪》(*Due secoli di democrazia*)这篇文章,是在《政治思想》(*Il pensiero politico*)第XX卷,2号,1987年5月—8月出版,第241-251页。

但我仍不敢说和平是"永久的")是建立在两个现实条件上的:国际体系成员中很大部分仍存在非民主政府,但民主国家数量在增加;即使国家共同体权力的大幅增强远远没有结束,联合国(Onu)的章程与国际联盟(La Societa delle Nazioni)章程都在意料之中,但国际体系内的民主化进程不断发展。将"战争-和平"这二分法作为参考点,能了解国家之间的关系。国际局势可以用一种特定简化方式清楚地显示出来,它有四个特征:无政府国家,即一直发生战争没有和平(如霍布斯的自然法则提到的一切人反对一切人的战争状态);强国间的平衡,即两场战争中间的休战与和平;一个来自霸权国家统治的国际秩序或霸权格局,其中和平是稳定的,但是是在强国支配下才保持和平的稳定,例如古代罗马帝国支配的世界和平和如今在美国支配下的世界和平;所有国家遵守民主秩序,即稳定的和平是在所有国家达成一致的基础上产生的。渐渐地,国家的民主系统不断扩大不断增强,超过之前所有的民主系统:无政府国家因其他国家的民主体系而使得该国也开始建立民主;国家间多方制衡的局面与一个超越其上的第三方(Tertium Super partes)①并存;当多方的权力是建立在多国达成一致的基础上时,和平的稳定便不再由强权支配。

关于这个话题我写了两篇评论,一篇是《民主与和平》(Democrazia e pace)②,这来自1987年4月25日在里斯本的一个内部

---

① 原文为拉丁文,中译本一律在中译文后括号内标出拉丁原文。——译注

② 以《国家间的民主》(Della democrazia tra le nazioni)为题出版于《国际通讯》(Lettera internazionale) V, n. 22, 1989,第61-64页。

演讲；另一篇是《民主与国际体系》(Democrazia e sistema internazionale)①，是应路易吉·科尔戴斯(Luigi Cortesi)邀请而写，此书的再版又增添了一些内容，第二版比第一版多了些页数:《民主的未来》一书不仅讲述了民主国家数量上的增长，此外，还继续追踪了国际体系中的民主化进程，不久前吸引了读者的注意力。一个和平稳定的理想体系可以概括如下:民主国家有着普遍的民主秩序。我不需要补充何为民主的理想模式，它不是本来就存在的，而是人们应当努力追求实现的。

诺伯托·博比奥
1991年7月写于都灵

---

① 杂集卷《民主，核威胁，和平运动》(Democrazia, rischio nucleare, movimento per la pace)由 L. 克尔戴斯(L. Cortesi)编辑，那不勒斯:里国利出版社(Liguori)，1989，第37－52页。

1984 年版说明

本书篇幅简短，汇集了我最近所写的一些关于所谓民主"转型"的文章。我在基本中立的意义上使用"转型"这一术语，不带任何积极或消极的内涵。我喜欢将其称为转型而非危机，因为"危机"一词有行将崩溃的暗示；在当今世界，民主并非处于最佳的健康状态，实际上过去也从未有过，但它也并非风烛残年，行将就木。无论如何，事实始终摆在眼前，在第二次世界大战之后形成的民主政权中，至今没有一个像第一次世界大战后那样被独裁制度所破坏。恰恰相反，一些独裁政权，经过战争的危难幸存下来之后，却转变为民主国家。当苏维埃世界因民主制度的震颤而产生周期性的动摇时，西方民主国家却未被法西斯运动严重威胁。

对于一个民主政体来说，转型的存在便是它的本质和特点：民主是生机勃勃的，而专制是停滞不前的、单调的。早在18世纪末，民主理论家就将现代民主（代议民主）与古人的民主（直接民主）做了对比。但他们会毫不犹豫将他们那个时代的专制等同于起先古典作家的描述：人们只需考虑孟德斯鸠和黑格尔使用过的东方专制的范畴。也有那么些人，且不论对错与否，曾经运用东方专制的概念来解释苏联的现存状态。当我们谈论今天的西方民主政权时，我们指的是最近的两百年内，在美国和法国大革命后出现的政权，即便如此，在意大利也广为人知的C. B. 麦克弗森（C. B. Macpherson）认为，现代民主自18世纪起源至今，其发展至少可以被划分为四个阶段。

在有关这个话题的文章中，我精心挑选了那些被认为有现实意义的部分，虽然可能与日常事件没有太大关联。那篇与合集同名的开放性文章是最后写成的。应大会主席格雷戈里奥·佩塞斯－巴尔巴（Gregorio Peces-Barba）教授邀请，我在1983年11月在马德里科尔德斯宫（Palazzo delle Cortes）举行的会议上初次发表。然后我经过进一步的修改和扩充，将其作为介绍性的论文，发表于由弗朗西斯科·巴罗内（Francesco Barone）教授组织1984年5月在洛迦诺召开的国际会议"未来已经开始"（Il future e già cominciato）中。它从"未兑现的承诺"（promesse non mantenute）出发，简要探讨了民主的变革，即从理想与现实的距离角度阐述民主缔造者的民主理想与我们日复一日亲身经历、不同程度参与其中的民主现实之间的落差。

经过那次在洛迦诺的探讨之后，我觉得自己就"未兑现的承诺"这个话题可以表述得更为清楚，即包括无形权力的残存、寡头政治的持久，调停机构的压制、特定利益代表重新聚积的活力，民众参与的中断，公民教育（或适度教育）的失败。有些从客观上不可能被保留下来，所以从一开始就注定是一场镜花水月；有些作为不切实际的希望并未做出过多的允诺；还有些结果遭遇到无法预见的阻碍。在以上任何情况之下，将其称为民主的"退化"都不太恰当，倒不如将它说成抽象原则运用于现实的自然后果，或者说，当理论迫于无奈屈从于实践需要时，遭到不可避免的玷污。

这适用于所有未兑现的承诺,除了一项:无形权力的存在(以及它根深蒂固的构成),在像我们意大利这样的国家中,始终与有形的权力并存。民主的开放性包容着最相冲突的定义,但所有一切无不有其决定性特征:"可见性"或者说权力的透明度。埃利亚斯·卡内蒂(Elias Cannetti)曾经写过:"秘密藏身于权力核心的最深处。"第一个民主政权的创造者们为自己设定使命,创造这样一种形式的政府,其中那坚实的内核最终被摧毁了(参见第四章《民主与无形的权力》)。毫无疑问,持续存在的寡头政治或精英当权与民主理想水火不容。是几个精英直接在选举的竞技场上进行角逐,还是存在一个单一的权力集团,通过内部增选新成员自我更新,实际上这两种政治体制仍然存在本质的区别。无形的权力腐蚀着民主,而通过自由选举轮流坐庄进行统治,权力集团的存在保留了民主原则得以实现的唯一具体形式,至少对于目前来说确是如此。类似的事情正在发生,目的在于扩充民主程序实现权力集中,而这从传统上来说正是一种专制独裁,诸如大企业或官僚机构。事实上这里成果有限,与其说是失败的问题,不如说是发展受阻的问题。既得利益集团的代表逐渐蚕食了专属于政治代表的范畴,无论是否相像,这无非是民主的一种变通形式。这在资本主义社会具有天然的发展空间,因为在这样的环境中有组织的团体正日益成为政治行动的真正主角。因而这一系统与民主理论所构想的世界有天壤之别,它往往不承认在个体公民与整个国家之间存在任何中介调停机构。如果我们用危机来表述利益集团越来越大的影响力及其伴随的现象,即日益通过参与各方的协商一致来做出决策,那么问题的焦点就不在于民主,而更多地在于将主权国家的传统形象置于具体的利益之上(参见《目前探讨的契约与契约主义》)。最后,未能利用教育有效地把公民原则灌输给公民,使他们在被赋予权利、选举管理者之时,能将选票投给最明智、最诚信、最开明的那些人。然而,与其把这些看作是一种未兑现的承诺,更应该将其理解为人类作为政治动物的一种过分慈善的观念:他们在政治领域追求的自身利益,正如他们在经济领域所追求的那样。但如今没有人再抱有这个已在舆论界争论多年的观点:主张将选票作为一件出价高者可得的商品,这是对民主的反驳。

当然,只有坚持我所说的最狭义的民主概念,所有这些论点才能站得住脚。据此,一个"民主政权",首先也是最重要的,意味着要建立起一套程序规则,通过包容并促进有关利益方尽可能充分参与的方式,达到集体决策的目的。我充分认识到,我所说的这样一种程序,或者说形式上的,或者用一个贬义的词来形容是形式主义的定义,似乎不足以入某些自称是左翼运动团体的法眼。但是,除此之外没有什么定义能如此明晰,只有它能够提供一种万无一失的标准,让我们能够从一开始,就在两个相对立的理想型政府之间做出关键性的区分,而不受任何价值判断的影响。事实上,这一定义有必要立刻做出补充,如果我们民主制度的总体思路包括这样的策略:通过自由辩论使不同党派之间达成妥协,以便形成重大决策,这里提出的定义,相对于直接民主的实际情况而言,更加符合代议制民主的现实(不论我们应对的是政治代表抑或是利益集团)。公投,只被限定在"非此即彼"这类形式的框架问题当中,就会有碍于妥协,有利于冲突,并且正是由于这个原因,与用来解决利益冲突相比,它更适用于解决原则问题(参见《代议制民主与直接民主》)。在这一点上,也有必要做出适当的说明,尤其是对于那些重新寄望于通过新政治运动的发起来实现社会转型的人,虽然说民主作为一套工具方法,的确对所有的可能性开放,但它同样坚决要求其制度受到尊重,因为它作为方法的所有优势都取决于这种尊重,而只有在这些制度当中,其政党才被授权充当个人与政府之间的媒介(参见《民主的制约》)。

我并不排除这种对规则的坚持是出于形式而非实质的可能性,这大概是某人在某个法学院里执教多年的职业特质或职业异化的后果。但任何一个民主体制,只有在这种管治的制约下才能正常运转,这种被称作"法治"(参见《人治还是法治?》)的传统可追溯至古典时代。我指的是前段时间萌生的一个想法,即法律和权力是一体两面的关系:只有依靠权力才能制定法律,而只有依靠法律才能限制权力。从权力的角度来看,专制国家是一个国家的理想形态;从法律的角度考虑,又会陷入另一个极端,民主国家才是一个国家的理想形态。当古典思想家赞颂法治,并将人治拿来与之对比时,他们的思想都是建立在这样的基础之上的,即法律都产生于传统或由伟大的立法者制定。今天,当我们谈论起法治,我们主要想到的是宪法的基本法则,相对于规定政府人员应当做什么,它更多的是规定了立法的程序问题。这些就是法律对政府的约束更甚于对普通民众的约束:在这里,我们意指的是更高层次上的法治,其中立法者本身也要受到原则的约束。只有在各级权力的行使者最终都向终极权力的原始持有者,即公众中的个体成员负责的前提下,这种局面才有可能出现。

面对当今社会有机理论(并非与左翼政治思想无关)产生的无穷无尽的诱惑,怎么强调这一点都不为过,那就是民主理论以个人主义的社会观念为基础。在这一点上它与自由主义相同(参见《新旧自由主义》),这也就解释了为什么现代民主能够在过去取得诸多进步,而如今仅仅是存在着,无论其基本的自由是否已经得到本质上的承认。毋庸赘言,无论用本体论还是方法论,无论哪个社会的个人主义观念都得不折不扣地承认一个事实,即人类是一种社会性动物,不能也不会离群索居。但是自由主义与民主对于个人与社会的关系看法不一:自由主义将连接个人与社会的有机联系割裂开来,使他们的生活,至少是大多数人的生活,从其母体中脱离出来,使他们陷入一个充满危险的未知世界,他们必须努力挣扎才能生存下来;民主则是为个人和他们的同胞之间创造新的联系,因为其人工联盟允许社会被重新构建,并不是将其作为一个有机的整体,而是作为一个自由个体之间的联合。前者强调的是个人的自我发展能力,而后者颂扬以上所有的能力,凭借一系列精巧的布局,最终使非专制政治制度的构建成为可能,以超越个体的孤立。这归根结底是两种不同的看待个体潜能的方式:要么将之作为微观小宇宙,作为一个独立的整体;要么将之作为不可分割的实体,但能够以各种方式与其他类似实体相结合,以便在更高层次上形成一个更大的实体。

在此汇集的所有文章讨论的都是非常普遍的问题,且都是基础性的(或更确切地说是由基础性的问题着手)。它们为对政治抱有兴趣的读者大众而写,并非为那些专家而写。它们就是本该被归类为"通俗哲学"的那类文章。它们都为一个中心思想所鼓动:要让民主接地气,将它从高高在上的原则境界拉回到有血有肉的利益冲突中来。我一直认为,想要协调那些冲击民主社会的矛盾,这是唯一的途径,沿着这曲折的道路才能解决矛盾,而不是屈服于它们。如此这般，才有可能承认民主特有之恶，却不至于丧失信心，放弃改善的任何一丝希望。我不大会去说服对手相信民主，而是力求减少他们对民主的怀疑，如果要我设想对手的类型，我想他们并非唾弃民主的批评者。不称职的政府，即永远的右派反动派，总是变换着各种形式的伪装不断重现，但对于1789年提出的"不朽的原则"（gl'immortali principi）却怀着相同的嫉恨。我心中想象的，是那些人，他们看到我们的这个民主，总是那么脆弱、那么易受伤害、那么易受腐蚀并且经常被腐蚀，于是试图摧毁它以求得完美；他们看似拥有著名的霍布斯的形象（la famosa immagine hobbesina），却如同珀利阿斯（Pelia）①的女儿们那般行事，将自己的老父亲砍成碎片，企望他由此重生。想要与第一类读者进行对话，很可能是在浪费时间，而随着与第二类读者对话的展开，我们将不再对常识的力量失去希望。

诺伯托·博比奥

1984年10月写于都灵

---

① 希腊神话中的人物，他篡夺了侄子伊阿宋的王位，最后被美狄亚用计杀死。美狄亚设法让珀利阿斯的女儿们相信，自己有法力让她们的父亲重返青春。中计的女儿们按照美狄亚的方法，在父亲熟睡时争先恐后地向他砍去。珀利阿斯受了致命伤后，美狄亚再出现刺穿其喉咙，并将他的尸体肢解，扔进油锅。

本书收录的文章曾发布在:《民主的未来》,《新机器文明》(*Nuova civilta delle machine*),Ⅱ,1984年夏,第11-20页;《代议民主制和直接民主制》,aa. vv.,《民主和参与》(*Democrazia e partecipazione*),Stampatori,都灵,1978年,第19-46页;《民主的制约》,《可能的政治》(*La politica possible*),Tullio Pironti,那不勒斯,1983年,第39-61页;《民主与无形的权力》,《意大利政治学杂志》(*Rivista italiana di scienza politica*),X(1980年),第181-203页;《新旧自由主义》,《工人世界》(*Mondoperaio*),Ⅱ,1981年,第86-94页;《目前探讨的契约与契约主义》,Ⅱ,1982年,第84-92页;《人治还是法治?》,《新选集》(*Nuova antologia*),2145号,1983年3月,第135-152页。《民主与国际体系》融合了以下两篇文章:《民主与国际体系》,aa. vv. (L. Cortesi编辑),《民主,核威胁,和平运动》,Liguori,那不勒斯,1989年,第37-52页;《国家间的民主》,《国际通讯》,V,22号,1989年秋,第61-64页。

第一章
民主的未来

Il futuro della democrazia

一段不请自来的序言

我曾获邀就"民主的未来"撰文,这是一个处处陷阱的麻烦题目,于是我在起笔时就用了两段引言来自保。黑格尔(Hegel)在柏林大学做关于历史哲学的演讲时,有学生提问是否该将美国视作"未来的国家",他的回答毫不掩饰自己的不快,"作为一个未来的国家,美国不是我关注的。预言不是哲学家的任务……从哲学上来说,我们关心什么才是从现在到永远都缺乏的东西,也就是理性。那些足够我们关注了"①。第一次世界大战末,马克斯·韦伯(Max Weber)在慕尼黑大学做了著名的《以学术为业》的演讲,有听众追问他对德国未来的意见,他答道:"先知和群众鼓动者,

---

① 黑格尔:《世界史哲学讲演录》(*Vorlesungen über die philosophie der Geschichte, I: Die Vernunft in der Geschichte*), Leipzig: Meiner, 1917, p. 200(意大利译本, Firenze, 1941)。[中译参见刘立群、沈真、张东辉、姚燕译:《黑格尔全集》第27卷第1分册《世界史哲学讲演录(1822—1823)》,"美洲作为新大陆,可能会表现为一个未来的国家",他最后总结说,"所以,这个地区目前还是一个变化的地区,一个属于未来的地区,因此它同我们毫不相关"(北京:商务印书馆,2014,第89-90页)。——译注]

都不属于教室的讲台。"①

有些人不愿意接受黑格尔和韦伯关于理性的上述言论,并认为这些是蹩脚的借口,但他们也必然承认预言家是危险的职业。探知未来的困境也源自一个事实:我们所有人都将自己的渴望与焦虑投射在那里,历史却对此无动于衷、自有进程。这一进程由无数小的、细微的人类行为所塑造,再强大的知识分子也无法用一两句话将之表述得清楚可信。因此,思想大师们关于世界进程的预言大多以失败告终,尤其值得一提的是卡尔·马克思(Karl Marx)的预言,有一部分人曾经相信并依旧认为他创立了全新且全然正确的社会科学。

简言之,我的观点如下:如果你问我民主是否有未来;假设它有,又会是什么样。我不会因为回答了"我不知道"而感到不安。这篇论文只是对民主政体的现状做了一些观察,就如黑格尔所言,我们的工作到此为止。如果以这些观察为基础,有可能推断出这些政体进步还是倒退的趋势,从而对它们的未来采取谨慎的预测,那自然更好。

最狭义的民主

民主区别于所有形式的专制政府,关于民主的探讨要有意

---

① 马克斯·韦伯:《以学术为业》(*La scienza come professione*), *Il lavoro intellettuale come professione*, Torino: Einaudi, 1948, p. 64。(中译参见钱永祥等译:《韦伯作品集Ⅰ:学术与政治》,桂林:广西师范大学出版社,2004,第177页。——译注)

义,我的前提是可以将它看作以一系列(主要或基本的)规则为特征,规定了谁被授权去做集体决策,以及需要通过哪些程序来执行。每个社会群体做出集体决策时都必须受其所有群体成员的约束,以确保它自身对内和对外的生存。① 尽管群体决策终究要由个体完成(群体本身决策不了任何事)。结果是个体的(单个人、几个人、许多人或所有人)决策被接受为集体决策,它必须在遵守(无论是依照书面或惯例的)规则的基础上完成,这些规则规定了谁能成为被授权在所有成员约束下做出决策的个体,以及需要通过什么程序。对那些被要求做出(或参与)集体决策的个人来说,民主的特点是将其权力(到目前为止,由于它是由宪法的基本法规确定的授权,所以成了一种权利)赋予该群体的众多成员。我知道"众多"这种说法太过含糊,但事实上政治声明的发表就基于"近乎"和"大多数"这样模棱两可的领域,而且说"所有人"也是错误的,因为即使在最完善的民主体制下,个人也必须达到一定的年龄才有投票权。"完全统治"或统治权掌握在每个人手中,是一种理想的上限。民主不可能按照一种抽象的原则来创建,即不能无视对历史环境的考虑和对决策准绳的需要。在能够启动这些探讨之前,某些人肯定已经获得了投票权。总而言之,一个成年男子享有选举权的社会要比一个财产所有者独享选举权的社会更民主,但却不比一个女性也享有选举权的社会更民主。19 世纪,在一些国家出现了一种持续的民主化进程,这意味

---

① 这点请参阅我的文章《个人意志与集体》(*Decisioni individuali e collettive*), *Ricerche politiche due*(*Identita, interessi e scelte collettive*), Milano:Il Saggiatore, 1983, pp. 9 – 30。

着授予民众选举权的国家稳步增多了。

关于达成何种决议的方式,民主的基本原则是多数原则,换句话说,就是根据集体决策的原则,如果决策得到了至少是群体中那些被委以决策权的人当中的大多数的批准,这就意味着受到整个群体的约束。如果一个多数决议有效,那么一个全体一致同意的决议更加有效。① 但一致同意只有在受限制或同质性的群体中才有可能,并且只在两个极端和完全对立的情况下才能实现:或者当涉及一个非常重要的决策时,每个参与者都享有否决权;或者当遇到一个无足轻重的决策时,某些不特别反对的人表现为默许(心照不宣地同意)。当两个人做决定时,自然需要一致同意。这就将真正同意的决策与根据法律所做的决策(通常仅涉及多数同意)明显区别开来了。

此外,即使像我所采用的最狭义的民主概念,不仅要求在集体决策中授予大多数公民直接或间接参与的权利,也不止要求像多数原则一样的程序性规则的存在(或极端情形下的一致同意)。它还涉及第三种情形,即必须给那些被召集做各种决策的人们,或者选举决策人的人们提供真实的选项,并且使他们能够在这些选项之间做出选择。关于这个条件,人们必须意识到,

---

① 我对这一论题的更多思考收在《多数派的法则》(*La regola della maggioranza:limiti e aporie*) aa. vv. ,《民主、多数派和少数派》(*Democrazia, maggioranza e minoranza*) ,Bologna:Il Mulino, 1981, pp. 33 -72;以及《多数派的法则及其限制》(*La regola di maggioranza e i suoi limiti*) aa. vv. ,《主体与能力:市民社会与政治危机的讨论》(*Soggetti e potere. Un dibattito su società civile e crisi della politica*) , Napoli:Bibliopolis, 1983, pp. 11 -23。

那些被召集做各种决策的人们所谓的各项基本权利都必须得到保障:言论、表达、演说、集会、结社等方面的自由。自由国家肇始之初就设立的各项这类权利,促进了完全意义上的法治国家(stato di diritto)学说的产生,国家不但要根据法律(sub lege)来行使权力,而且要在一定限度内行使权力,这一限度来自对那些所谓个人"不可侵犯"的权利在宪法上的认可。不管这些权利的哲学根基是什么,它们都是主要的程序机制适当运作的必要前提,而民主体制就是以这些机制为特征的。授予这些权利的宪法规范本身不是游戏规则:它们是允许游戏发生的基本规则。

由此可见,自由主义国家不但是民主国家的历史前提,也是其法律前提。自由主义国家与民主国家是相互依存的:如果自由主义提供了适当行使民主权力所必需的自由,那么民主则保障了这些基本自由的生存与延续。换句话说,一个非自由主义国家似乎不能保证民主的适当运作。相反,一个非民主的国家似乎也没有能力去捍卫那些基本自由。当自由主义国家与民主国家结合起来,这一事实则提供了这种相互依存的历史证明。

理想与残酷的现实

概括了这些基本原则之后,现在我要面对这个备受争议的主题,并提供对民主现状的一些观察。我们讨论的话题通常被归在"民主的转型"的议题下,与此相关的所有文章汇总起来大概会塞满一个图书馆。但"转型"一词过于模糊,它容纳各种极端不同的评判。对于右派来说[例如,据我所知的帕累托(V. Pareto)的《民主的转型》(Transformation of Democracy)①一书,开创了哀悼文明的危机这一长期持续的传统],民主转变成一种不完全的无政府主义的政体,它终将带来国家的瓦解。对于左派来说[我正想到一本像 J. 阿格诺里(J. Agnoli) 写的《民主的转型》(Die Transformation der Demokratie)那样的书,典型的"在议会之外"的批判],议会民主正在逐渐转变成专制政体。反映民主的各种理想与"实际的民主现状"(我用这样的措辞与人们谈论的"实际的社会主义现状"意义相同)两者之间的鸿沟对于实现我们的目标更为有用,我相信,这胜于把注意力放在转型的概念上。某人的一次演说让我注意到这样一个结论:"历史上已经有几次是这样。理想的崇高的构思,结果成了粗糙的实在的东西。希腊这样变成了罗马,俄国启蒙主义这样变成了俄国革命。"②这句话出自帕斯捷尔纳克(Boris Leonidovich Pasternak)小说中的人物戈尔东(Gordon)之口,他是日瓦戈(Zivago) 医生的朋友。按照相似的方式,我想补充的是,洛克(Locke)、卢梭(Rousseau)、托克维尔(Tocqueville)、边沁(Bentham) 或者约翰·斯图亚特·密尔(John Stuart Mill)的自由主义民主思想转变成了一系列……(你可以把任何你认为合适的名字加进去——你将很容易发现不止

---

① V. 帕累托:《民主的转型》(Transformazione della democrazia),Milano: Corbaccio, 1920,集自 1920 年 5 月至 7 月发表于《米兰杂志》(Rivista di Milano)的文章。阿格诺里(Agnoli)的书 1967 年问世,意大利译本 1969 年由 Feltrinelli 出版社在米兰出版。

② 鲍利斯·L. 帕斯捷尔纳克:《日瓦戈医生》,Milano: Feltrinelli, 1957, p. 673。[中译参见白春仁、顾亚玲译:《日瓦戈医生》下卷,上海:上海译文出版社,2012,第 626 页。——译注]

一个）的行动。确切地说,在此谈论的是那些"残酷的现实",而非怀有"高贵与崇高的理想";或者,换种方式来说,在此谈论的是承诺与现实之间的反差。我将挑选这些"未兑现的承诺"的其中六项。

多元社会的诞生

与盛行于古典时期的有机观念不同,那种观念遵循的是整体高于部分,民主是脱胎于个人主义的社会观念。相反,作为个体意志之下的人为产物,民主涵盖了每一种社会形式,尤其是政治社会。社会和国家个人主义观念的出现与有机观念的削弱可归咎于观念史上三大事件的相互作用,这三大事件是现代社会哲学的特征。

(a)17世纪至18世纪契约理论的原初假设认为,公民社会之前存在一个自然状态,在自然状态中,自由平等的个人享有主权,人们同意在他们之中产生一个公共权力,赋予其保障他们生存和自由（还有财产）的功能。

(b)政治经济学的诞生。这是一种对社会和各种社会关系的分析,它的主题再次回到人类个体是经济人（l'homo oeconomicus）这一假设之上,而不是传统思想中的政治人（Politikon zoon）,政治人并非代表自己的权利,而是作为共同体的成员。根据亚当·斯密（Adam Smith）的观点,个人"在追求其本身的利益时,常常比其抱着促进社会利益的目标更能有效地促进社会利益"（确实,按照麦克弗森的解释,霍布斯和洛克所构建的自然状态是市场化社会的预兆)。①

(c)从边沁到密尔的功利主义哲学。他们认为,功利是客观道德体系基础的唯一标准,从而无须采用"自然状态"等模糊的概念就能区分善与恶。这一标准从一开始就把个人的情绪考虑在内,比如快乐和痛苦。通过把共同利益当作个人利益的总和,或者用边沁的话说,将其看作是最大多数人的幸福,从而解决共同利益这一传统问题。

享有主权的人们通过与其他平等享有主权的人们达成协议,创设了政治社会。通过采纳这一假设,民主学说构想的是一个没有中介组织的国家,而中介组织是中世纪各城市的社团主义社会或在绝对君主制之前的由各种等级和庄园所组成的国家的特征。民主设想这样一种政治社会:在由许多个体组成的主权者(一人一票)与其代表之间,不存在任何特殊利益的附属组织。不再有卢梭深恶痛绝的各种派系,不再受《夏普里埃法》②(Le Chapelier,在法国直到1887年才被废除)的影响。然而,在民主国家中实际发生的情况却恰恰相反:政治中最具影响力的个人越来越少,组织——一些大型的机构、各种各样的协会、你所能想象到的每一行业的工会组织、在思想体系上具有巨大差异的各种党派——越

---

① 我归纳自麦克弗森(C. B. Macpherson)的著作《个人主义政治理论》(*The Political Theory of Possessive Individualism*),Oxford:Clarendon Press,1962[意大利译本《资产阶级思想起源中的自由与所有权》(*Liberta e proprieta alle origini del pensiero borghese*),Milano:Ili,1973]。

②《夏普里埃法》于1791年6月法国大革命时期颁布,禁止同行业工人结社、集会和罢工。

来越多。各种组织而非个人成为民主社会中政治生活的主要参与者:不再只有一个主权,即由直接或间接参与到政府中的个人组成人民或国家,"人民"成为理想化的(或神秘的)构成。相反,人民被分为各种相互对立和冲突的团体,在与中央政府的关系中相对自治(人类个体已失去或从未有过自治,除了在一个经常被一系列现实所驳倒的理想型政府的模式中)。

民主社会的理想模式是一个有向心力的社会,而现实却是一个离心的社会,也就是说,不是只有一个权力中心(卢梭所设想的"普遍意志"la volonta generale),而是权力泛滥。因此,正如政治学家们所认同的,将其称为多中心社会或多头政治(用一个更有力却并非完全错误的表达就是"多头统治"poliarchica)可谓名副其实。建立在人民主权(popular sovereignty)基础上的民主国家模式带有王室统治的样态或与之类似,也因此是一元社会模式。民主政体下的真实社会是多元主义的。

特殊利益的活力重现

民主的初次转型(这里的"初次"是在涉及分权的意义上而言)促成了涉及代议本质的第二次转型的产生。现代民主作为代议制民主而产生。与古典时期的民主相比,它意味着一种政治代议制度的典范,即在这种代议制下,以追求国家利益为己任的代表不能受制于一种有约束的授权。政治代表的基础原则与其所代表的特殊利益截然对立,这种代表必须支持其所代表之人的动机,这就受制于一种有限的授权(私法的特征之一:即授权一旦遭越界,合同即被废除)。法国制宪会议举行的最著名、最具历史意义的一场辩论催生了1791年宪法,那些主张代表一旦被选出就成为国家的代表而不再是选民(即他们不再受任何授权的约束)的人们获得了胜利。不受限制的授权从前是君主的一种特权,他声称在召开三级会议时,来参加会议的各级代表们不受**权力制约**(*pouvoirs restrictfs*)①。作为一种主权的公开表达,不受限制的授权从君主的主权转移到人们所选举的集团。从那时起,对有限授权的否决权成为以民主代议制为基础的所有宪法中的公理性法则。在这种情况下,民主不得不为了生存而斗争,深信不疑的支持者们总在捍卫代议制民主,反对特殊利益对之虎视眈眈、取而代之或混杂其中。

　　没有哪条宪法规范比对有限授权的否决权更易遭侵犯,也没有哪条原则比涉及政治代表制的那些原则更让人轻视。这些相对自治的组织为获得最高权力而相互竞争,并主张自己的利益高于其他组织的利益,在一个由这些组织构成的社会中,这样的规范和原则会在实践中变成现实吗?除了每个组织都倾向于将国家利益与自身的利益等同起来这一事实,是否有一个普遍的标准使我们能够将共同利益区别于各种各样组织的特殊利益或是特殊利益集团的勾连,他们以其他人的利益为代价在内部达成协议?无论是谁代表特殊利益,对其的授权总是有限的。我们还能找到一个不代表特殊利益的代表吗?在工会中当然没有,因为涨工资的各种协议依赖于工会,就像在关于组织和劳动成本的国家协定中所做的一样,所有这些都会产生很大的政治影响。在议会

---

　　① 更多资料参见维尔兰特(P. Violante):《代表制的空间,I:1788—1789年的法兰西》(*Lo spazio della rappresentanza*, *I: Francia* 1788—1789), Palermo: Mozzone, 1981。

中呢？如果并未公开违反有限授权的否决权，党纪意味着什么？代表们常常利用秘密投票来规避党纪，在意大利他们是否被贴上"狙击手"(franco tiratori)的标签——即作为叛徒因为公众不同意而被驱逐出局？当所有要说的和要做的都已完成时，有限授权的否决权是一条没有附带任何制裁措施就被批准的规则。相反，代表的重新选举依赖于所在党派的持续支持，他们唯一担心的制裁就是，如果违背了服从官方路线这一对立原则，那么就必然受到所在政党命令的约束。

我敢肯定地说，对于政治代表之上的利益代表，胜利是由这样一种类型的关系所提供的，即这种相互对立的利益集团（企业主和工人各自的代表们）和议会之间的关系，这在欧洲大部分民主国家形成了一种规范。这一关系带来了一种被称作"新社团主义"(neo-corporativo)的新型社会体系①，这称呼或对或错。这一体系以三方协议为其特征，理想中代表国家利益的政府仅作为一个中介，在这两者之间进行干预，至多扮演一个（通常是不起什么作用的）担保人的角色，以确保所达成的任何协议都得到遵守。那些大概在十几年前设计出这一模式的人，如今身处各种民主"转型"讨论的中心，他们阐释了一种新社团主义的社会，这种社会提供了一个解决包括程序在内的各种社会冲突的办法，即各大

---

① 我特地归纳了在意大利不断激烈展开的关于 Ph. C. 施密特观点的讨论，可参见选集《新社团社会》(*La societa neo-corporativa*)，M. Maraffi 编辑，Bologna：Il Mulino，1981，以及从最新著作到 L. Bordogna 和 G. Provasi 的《政治、经济与利益代表制》(*Politica, economia e rappresentanza degli interessi*)，Bologna：Il Mulino，1984。

组织之间达成协议,这与政治代表没有太大关系,但却是各种特殊利益代表典型的表达方式。

寡头政治的残存

民主没有兑现的第三个承诺,就是未能使寡头政治权力寿终正寝。我没必要对这一点进行详述,因为这一观点已经得到广泛的解读,至少从19世纪末,当加埃塔诺·莫斯卡(Gaetano Mosca)提出政治阶级理论时就没有争议了,这一理论由于受到帕累托的影响而转化成为我们所知的精英理论(teoria dell'elites)。民主思想的指导原则始终是自由,从自治的意义上理解,就是拥有由自己的法律支配的能力(根据卢梭的著名定义)。这就导致了制定行为规范的人和遵守规范的人之间完全等同,从而消除传统的差别,这是被统治者与统治者之间全部政治思想的基础。代议制民主,毕竟是唯一存在并还在运行的民主形式,其本质是对自由原则,即自治的放弃。把未来假设为所谓的"计算机治理"(computer-crazia),通过给所有公民提供向电脑发送选票的方式,也许可以使直接民主成为可能,但这种想法是幼稚的。由意大利每年提案的法律数量来看,负责的公民们至少每天会被召集起来投一次票。这种过度参与,产生了一种被达伦多夫(Ralf Dahrendorf)轻蔑地称作"完全公民"(Il cittadino totale)的现象,这种结果只会导致政治饱和以及选民的逐渐冷漠①。少数人承担责任的

---

① 引自 R. 达伦多夫:《完全公民》(*Il cittadino totale*),Torino:Luigi Einaudi 调查与资料搜集中心,1977,pp. 35 - 59。

代价常常就是多数人的冷漠。没有哪种冒险比过度民主能更有效地毁灭民主。

事实自然是,目前的权力框架中的精英们不能消除民主与专制政体之间的差别。莫斯卡(Mosca)也意识到了这一点,虽然他自称是一个自由主义的而非民主主义的保守主义者,权力中又总是存在着寡头政治,他还是设计出了各种政府形式的复杂拓扑结构,这就使得建立在不同的形成与组织方式基础上的各种政府形式彼此区分开来。由于我的文章一开始就对民主做出了宽泛的程序界定,因此就不应该忘记这种阐释的拥护者之一约瑟夫·熊彼特(Joseph Schumpeter)的主张,他一针见血地指出,一个民主政体的特征并非是没有精英群体,而恰恰是存在着一些为获得公众投票而相互竞争的精英。麦克弗森(C. B. Macpherson)在《自由主义民主的生命与时代》(*The Life and Times of Liberal Democracy*)①一书中,将从19世纪到现在的民主发展进程划分成了四个阶段:将现阶段界定为"均衡民主"(democrazia di equilibrio),与熊彼特的定义相一致。在我看来,这位熟知莫斯卡与帕累托的意大利精英主义者用简明扼要的语言,指出了自我加封的精英与舍我其谁的精英之间的差别②。

---

① C. B. 麦克弗森:《自由主义民主的生命与时代》,Oxford: Oxford University Press,1977(意大利译本,Milano: Il Saggiatore, 1980)。

② 我引自 F. Burizo:《自由主义的本质与现实》(*Essenza e attualita del liberalism*),Torino: Utet, 1945, p. 19。

有限的空间

如果民主不能彻底击败寡头政治权力,那么它就更加不容易渗透到受整个社会组织约束的所有行使各项决策权的领域中。在这种环境下,相关的差别不再是少数人掌权与多数人掌权之间的差别,而是自下而上的权力与自上而下的权力之间的差别。并且,这个问题更恰当地说是自相矛盾而非未兑现的承诺。因为,从术语的严格意义上来说,现代民主是作为一种方法(metodo)而产生的,目的是为了形成各项政治决策的合法化与规范化。或诸如"政府",不论是国家的还是地方的,是从个体的普遍角色即公民出发来考虑,而不考虑其作为教徒、工人、学生、士兵、消费者、病患等各种特殊角色。一旦实现了普选权,如果可以说民主化进程得到了拓展,那就表明,正如通常所认为的那样,与其说代议制民主向直接民主发生了转变,不如说政治民主向社会民主发生了转变。所争论的问题与其说是"谁投票",不如说是"在哪儿投票"。换言之,如果人们想了解一个国家是否朝着更伟大的民主发展,那么他们应该寻求的并非是那些有权参与到其所关心的决策中去的人们数量的增长,而是他们行使这种权利的语境或空间的扩展。只要民主的进程没有削弱上述发达社会中权力的两大障碍——大商业和官僚机构(即使这是可能的,就不计较是否令人满意了),就不能说民主进程是彻底的。

然而,我发现有一个现象很有意思,用传统术语说,在那些非政治的空间中,例如在工厂里,具体的权力体系中存在一个关于特定自由的声明,与政治权力体系相对应的各项公民权利的声明相类似。例如,我想到了1970年的《意大利工人法令》(*Lo statuto dei lavoratori*)以及目前起草的一项病人权利章程。与国家相对应的公民的各项权利受到关注,对某些自由权利的特许优先于政治权利的授予。就像我所说的,当我们谈论自由国家与民主国家的关系时,政治权利是基本自由权的自然结果;自由权得到尊重的唯一保证在于上述例子中的支配权,即能够承担这一保证的权力。

无形的权力

与民主理想相比,民主没有兑现的第五个承诺是消灭无形的权力。① 关于民主与寡头政治权力之间的关系已有大量的作品做出了论述,但与此同时,无形的权力这一论题迄今却仍在很大程度上为人们所忽视(部分原因在于这一问题不能用许多社会学家经常适用的诸如采访、民意调查等技术来研究)。也许,我尤其受到在意大利发生的事情的影响,无形的权力在这里现身——黑手党、卡莫拉(Camorra)、反常的共济会会所(Masonic lodges)、秘密服务,这些组织对他们来说自己就是一种法律,而当局本应该监督这些颠覆性因素,但实际上却促进了这些因素,请原谅我这里明显的咬文嚼字。然而,事实并未改变,迄今为止,我所看到的对这一问题有最广泛研究的,是一位美国学者所著的一本书,即艾伦·沃尔夫(Alan Wolfe)的《合法性的限制》(*The Limits of Legiti-*

---

① 我就此的思考颇有几年,并撰文《民主与无形权力》(*La democrazia e il potere invisibile*)发表于《意大利政治学杂志》(*Rivista italiana di scienza politica*, X, 1980, pp. 181 – 123),现同文收入。

macy)①,他用一个章节充分说明了什么是所谓的"双重国家"(doppio stato),在他看来,双重的含义在于无形的国家与有形的国家相伴而生。众所周知,当民主第一次出现时就提出了使人类永远摆脱无形权力的愿景,从而产生了一种"在光天化日之下"(au grand jour,这来自莫里斯·乔利的表述)②实行政务公开的政府形式。现代民主将古典民主作为其典范,尤其是雅典小城邦的美好时光:人们在市场上集会,听着演说家们阐述各种各样的观点,并自由地做各项决策。柏拉图通过所谓的"剧场政治"(teatrocrazia,这是在尼采的著述中发现的非常重要的一个词)来抹黑这种民主(柏拉图是反民主的)。民主优越于极权国家的原因之一是这种民主政府将最终带来权力的透明,即"不戴面具的权力"(potere senza maschera),而那些极权国家则重申**秘密的原则**(arcana imprii),并用历史、政治的观点为大部分政治决策需要的暗箱操作来做辩护。

在《永久和平论》(Per la pace Perpetua)的附录中,康德阐述并举例说明了基本原则:"凡是关系到别人权利的行为而其准则与公共性不能一致,都是不正义的。"③这意味着,我被迫保守秘密的

---

① 艾伦·沃尔夫(A. Wolfe):《合法性的限制:当代资本主义的政治矛盾》,New York:The Free Press,1977(意大利译本,Bari:De Donato, 1981)。

② 莫里斯·乔利(Maurice Joly):*Dialogue aux enfers entre Machiavel et Montesquieu ou la politique de Machiavel au XIXe siècle par un contemporain*,"*chez tous les librairees*",Bruxelles,1868。

③ 康德:*Zum ewigen Frieden*,附录 II,收入 *Kleinere schriften zur Geschichtsphilisophie*, *Ethik und politik*,Leipzig:Meinrer,1913,p.163(意大利译本,*Scritti politici e di filosofia della storia e del diritto*,Torino:Utet, 1956,p.330)。(中译参见何兆武译:《永久和平论》,上海:上海人民出版社,2005,第 58 页。——译注)

行为不仅仅是不公平的,而且一旦公开就会激起强烈的反应,进而导致其不能实施。举一个康德自己使用的例子,哪个国家会在签订国际条约的时刻宣布将不会遵守？哪位公务员会公开宣布他会为私人目的挪用公款？通过这些措辞来表达问题的结果是:所有政府行为必须受公众监督这一原则的重要性,不仅在于通常所说的它允许公民了解掌权者的行为,从而能够控制他们,也因为公众监督本身就是一种控制形式,是一种承认在什么是允许的与什么是不允许行为之间做出区别的设计。建立在暗箱操作基础上的政治与国家利益的理论结合并非偶然,也就是说,根据这些理论,允许国家做那些禁止私人公民所做的事情,国家为了不引起暴乱而被迫秘密行动(柏拉图对僭主的特殊权力进行了一些说明,他说,可怕的强烈的非法欲望事实上在每个人心里,它往往是在睡梦中显现出来,而僭主暴君是醒着时能够干出睡梦中那种事的人①)。

  无须说,权力的公共责任在像我们这样的国家更为必要。在像我们这样的国家,技术的日益进步使得权力机构在实践中享有监控每个人行为,甚至每个细节的无限权力,如果我早先对"计算机治理"在一个民主国家中对被统治者是否有利持保留态度,那么我毫不怀疑它为统治者提供了方便。权力当局的理想一直是其臣民的每一个行为都能够被监控,其臣民的每一句话都能被听到(如果有可能被看到或听到),这在今天已经实现。即使身边有一千名告密者,没有一名古代暴君或现代的绝对君主能够掌握他

---

① 柏拉图:《理想国》,571cd。(中译参见郭斌和、张竹明译:《理想国》第 9 卷,北京:商务印书馆,1986,第 363－370 页。——译注)

所要的全部信息,而大部分民主政府却通过电脑就能获得。贯穿政治思想史的一个古老的问题是:"谁来监视监视者?"目前可以表述为:"谁来控制控制者?"如果对于这一问题找不到一种恰如其分的回答,那么在"可见的政府"这一意义上,民主就已经丧失了。在这种情形下,与其说我们在应对一种未兑现的承诺,不如说这实质上是与民主的基本前提相悖的一种趋势,这并非是朝着公民最大可能地控制权力者的方向发展,而是朝向掌权者对国民的最大支配的方向发展。

未受教育的公民

第六个未兑现的承诺涉及公民教育。近两个世纪以来,代表民主的所有辩护都包括如下观点:使公民摆脱臣民身份的唯一途径是赋予他或她各项权利,那些 19 世纪研究公法的学者们将这些权利称作**积极的公民权利**(*activae civitatis*)。民主教育是民主实际运作这一整体中必不可少的一部分。教育不是民主的一个前提条件,即使在雅各宾派模式(il modello giacobino)中,美德也不是作为前提条件来构建政权的,首先出现革命的专政,随后才是美德的统治。对于虔诚的民主人士来说则不同,在他们看来,美德的统治(对孟德斯鸠来说,和把恐惧当作专制主义的基础相反,这一点构成了民主的基本原则)是与民主等同的,而从对**共和国**(*res publica*)的热爱来理解,民主不仅不能没有美德,而且美德还促进、培育和巩固民主。

在约翰·斯图亚特·密尔的《代议制政府》(*Considerazioni sulla democrazia rappresentativa*)中,他在探讨理想政府时对这种观点做了经典表述。他把公民分为积极自助的性格类型和消极被动的性格类型,并解释道,一般来说,统治者更喜欢后者,因为他们更容易被驯服或者更为冷漠,而民主需要前者。他由此推论,统治者乐意使社会中大多数人成为一群无害的并排在一起啃着青草的羊罢了(我要补充的是,即使当草的供应匮乏时,他们彼此也不抱怨)。① 他由此提出将选举权扩展到下层社会,解决多数人暴政的一个方法恰恰是把富人和较低阶层都纳入选举中去,富人总是由人口中的少数构成,天然地倾向于为排他的自身利益服务,不过下层社会也是如此。他认为,参与选举具有重要的教育意义;通过政治讨论,劳动者们超越工厂狭隘范围内的重复性劳作,能够了解遥远的事件与自身利益之间的关系,接触到公民(不同于那些他们平时打交道的人们),从而自觉地成为共同体的一员。②

---

① 约翰·斯图亚特·密尔(J. S. Mill):《代议制政府》(Considerations on Representation Government),收入《约翰·斯图亚特·密尔文集》,University of Toronto Press,Routledge and Paul,vol. XIX,London,1977,p. 406。(中译参见汪瑄译:《代议制政府》第三章:"立法者或道德家的最大愿望也就只能是使社会中大多数人成为一群无害地并排在一起啃着青草的羊罢了",北京:商务印书馆,2011,第 52 页。——译注)

② 同上,第 470 页。(中译参见汪瑄译:《代议制政府》第八章:"只有通过政治讨论,一个从事日常工作、其生活方式又使他接触不到各种意见、情况或想法的体力劳动者,才懂得甚至很远的原因和发生在很远的地方的事件,对他的个人利益都有极明显的影响。只有通过政治讨论和集体的政治行动,一个被日常职业将兴趣局限在他周围的小圈子的人,才会同情他的同胞,和他们有同感,并自觉地变成伟大社会的一个成员",北京:商务印书馆,2011,第124 -125 页。——译注)

公民教育是 20 世纪 50 年代美国政治学中最热门的主题（在"政治文化"的标签下）之一，然而，关于这一主题的滔滔笔墨很快就干涸并褪去了。在他们创设的许多分类中，我记得关于"臣民文化"（cultura da sudditi）与"参与者文化"（cultura partecipante）的区分，前者适合于系统输出，即得益于选民期望从政治体系中获取利益；而后者适合于系统输入，由选举者构成，他们把自己看作表达诉求和制定决策的潜在参与者。

审视目前的形势，半数以上的选举权拥有者对政治无感，在不断加剧的政治冷漠面前建立起来的最好的民主也是不起作用的。从政治文化角度看，无论是系统输出还是系统输入，这些人都茫然无知。他们全然不关心官僚们在市政厅内，这个在意大利语中恰如其分地称作"宫殿"（palazzo）的地方，做了些什么。我意识到政治冷漠容许更多温和的解释。但即使是最温和的解释也不能让我忘记，所有伟大的民主理论家们并不愿看到公民教育的有益结果竟是放弃选举权。在像意大利这样的民主国家中，选举者的比例依然很高（但随着每次过去的选举而下降），有充分的理由相信用来表达意见的投票正在下降，同时，正在增长的是作为一种交易手段的投票。因此，在政治学家晦涩难懂的术语中，投票变得适合于输出；或者，用一个通俗但稍具反启蒙主义者色彩的表述就是，投票被"买到手了"，这是一种建立在通常来说不可靠的互惠原则（政治支持与人情间的交易）基础之上的结党营私。但是，我不禁想起托克维尔在向议院代表演讲时（1848 年 1 月 27 日）发出的悲叹，公共生活的恶化意味着"共同持有的意见、情感、观点逐渐被特殊利益所取代"。他转向他的同伴们问道，是否"那些因既得利益而投票的人们没有增加,那些决定以政治观点为基础的投票没有减少";他谴责一种"卑劣、庸俗的道德"的表达趋势,因为这种趋势产生了这样一种原则,即"那些享有政治权利的人们只有出于自身利益的考虑才想起行使这些权利"。①

技术人员的统治

那些未兑现的承诺,曾经一度有人遵守过吗? 我想说,没有。暂且不说我一开始提及的高尚理想与实现过程中的残酷现实之间的天然鸿沟,政治民主计划所构想的社会远没有当今社会那么复杂。没有履行承诺是由于没有预料到或由于在公民社会本质的"转型"(在这种情况下我相信"转型"一词是合适的)中意外发生的各种障碍。我将指出其中的三个方面。

第一个障碍是,随着社会从家庭经济转向市场经济,又从市场经济逐步转向一种得到保护、规范和计划的经济,需要技术知识来解决的政治问题逐渐增多。技术问题需要专家,需要由专业人员组成的不断拓展的团队。一个世纪以前,圣西门(Saint-Simon)已经注意到了这一点,他预言法学家的政府将为科学家的政府所替代。统计技术的进步已经超越了圣西门的想象,并且只有专家们才能应用统计技术。对所谓的"技术人员的统治"的需要,已经在完全不成比例的增长之中。

---

① 托克维尔(A. De Tocqueville):《关于社会革命的发言》(*Discorso sulla rivoluzione sociale*),收入《政治文稿》(*Scritti politici*),由 N. Matteucci 编辑,vol. I,Torino:Utet,1969,p. 271。

技术专家政治（Technocrazia）与民主是对立的：如果技术专家在工业社会中起决定性作用，就不能仅把他看作是一般公民。构成民主基础的前提，是所有人能对所有事情做出决策。相反，技术专家政治则主张，只有那些掌握相关专业知识的少数人才能做出各项决策。正如我已经指出的，在极权国家时代，由于普通民众太过无知而只能被暗箱操作所牵制。当然，现在普通民众不像以前那么无知了。但是像抵制通货膨胀、保障充分就业、确保收入分配公平等需要解决的问题不是变得越来越复杂了吗？它们不需要解决吗？这些问题，就其本质来说，需要的难道不是那些对于今天的普通民众（不论何种教育程度）都不再神秘的科学技术知识吗？

机构的增多

出现的第二个不可预见的障碍，就是官僚机构的持续增多，也就是说，权力机构都是按照层级自上而下进行设计，从而与民主权力体系截然相反。假设在任何社会中都存在权力的等级，那么可以把政治体系想象成一个金字塔；然而在民主社会中权力是自下而上传递的，官僚社会中权力则是自上而下的。

纵观历史可以看出，与其说民主国家与官僚国家截然对立，不如说它们彼此相通。所有变得更加民主的国家同时也变得更加官僚化，因为官僚化进程很大程度上是民主化进程的结果。证据如下：福利国家使得前所未有的官僚机构的设置成为必要，它的垮台隐藏着这样一种观点，如果不摒弃民主权力，那么就必然使其处于一个明显受限的范围内。正如马克斯·韦伯已经做过的清晰的审视,民主化和官僚化联系在一起的原因已经被普遍了解。当那些享有选举权的人们仅仅是财产所有者时,他们很自然地就会要求公共权威部门履行一个基本功能:保护私人财产。这就产生了关于有限国家(lo stato limitato)、守夜人国家(lo stato carabiniere),或者我们今天所说的最小国家(lo stato minimo),还产生了作为财产所有者联盟的国家的宪法,用以捍卫洛克(Locke)明确提出的财产权这一自然权利。从那一刻起,选举权扩展到了文盲,他们不可避免地会要求国家建立免费的学校,并因此承担起一种责任,这一责任对于传统的寡头政治国家和第一个资产阶级寡头政治国家来说是未知的。当选举权也扩展到无产者和赤贫者时,对于他们来说,唯一的财产就是劳动力,这就会导致他们要求失业保障、国家对疾病和年老的各项保险计划、孕妇的福利、住房补贴等。因此,作为对下层需求的回应,不管你是否喜欢,福利国家(lo stato dei servizi)出现了,而从这个词的最广泛含义上来说,这些需求都是民主的。

无法满足的需求

第三个障碍与民主体系"生产"(rendimento)的总体能力紧密相关:这一问题在过去几年中,引发了关于所谓民主"难以控制"(ingovernabilita)的争论。这探讨的是什么?概括来说,起先的自由主义国家与后来发展成的民主国家为公民社会从政治体系中解放出来贡献了力量。这一解放过程产生了一种情况:在这种情况下,公民社会逐渐成为对政府提出各种要求的一个无穷尽的来源,政府要想适当地履行其职能,就必须给予充分的答复。

但是，如果一个自由社会提出的要求不断增多、紧迫和艰巨的话，政府将会如何回应？正如我说过的那样，对公民自由的保障是任何民主政府存在的必要前提，出版自由、集会结社自由都是公民向政府要求优待、利益、特别条款、一种更为公平的资源分配的路径。无论一个政治体系运转得多么高效，也没有能力处理如此大量而又瞬息万变的要求。这就导致了所谓"超负荷"（sovraccarico）的政府，对于政治体系来说，激烈的抉择也就成为必要。然而，一旦做出某个选择，也就意味着排除了其他可能性，而没有做出确定的选择，又会引起民众的不满。

此外，公民向政府提出要求的速度，与一个民主政治系统允许政治精英做适当决策的复杂程序的缓慢，形成了鲜明的对比。因此，将各项要求纳入系统内的机制与给出的回应之间越来越不同步。前者以一个较快的速度运行，而后者越来越落后。这与专制体系中发生的情况恰恰相反，专制体系能够控制需求，能够事先遏制公民社会的自治，而在实践中，由于没有那些议会体系特有的遵守复杂决策程序的义务，专制体系能较快地做出适当决策。简言之，民主善于产生需求，却不善于满足这些需求；另一方面，专制能够遏制需求，并恰到好处地满足这些需求。

尽管如此

尽管我说过，目前有人预测到民主的未来的悲惨景象情有可原，但我绝不会提出此类预测。相比第一次和第二次世界大战之间的那些年，也就是艾利·哈勒维（Elie Halevy）的著名作品中称为

"专制主义时代"(*L'ere des tyrannies*,1938)①的那些年,民主政体持续地开疆辟土。胡安·林茨(Juan Linz)的《民主政体的陷落》(*La caduta dei regimi democratic*)②一书主要收集了与第一次世界大战后果有关的材料。与之形成对比的是,朱利安·桑塔玛利亚(Julian Santamaria)的《南欧和拉丁美洲民主的转变》(*Transizione alla democrazia nell'Europa del Sud e nell'America Latina*)③一书则聚焦第二次世界大战后的事件。第一次世界大战一结束,意大利仅用了几年时间,德国则用了十年时间,就推翻了议会国家。第二次世界大战之后,那些支撑下来的民主政体恢复了元气,而另一些国家则推翻了专制政府,甚至像意大利这样民主不占据统治地位且未充分运转的国家,也不存在严重的危险,尽管我说这些话时,还是带着几分恐惧。

让我们清醒地明白一点,我正谈论的是来自极端右派或极端左派的内部危险。在东欧,民主政体一出生即夭折,或者没能见到光明,原因曾经是并将继续是外部的。在这一分析中,我所关注的是民主的内部难题而非外部难题,外部难题来自不同国家在国际体系中协作的方式。然而,我得出的结论是,此处所研究的未兑现的承诺和不可预见的障碍并非民主政体"转化"(trasformare)专制政体的充分条件。这两者间的本质差别被保留了下来。民主国家最狭义

---

① 艾利·哈勒维(E. Halevy):《专制的时代》(*L'ere des tyrannies*),《社会主义与战争研究》(*Etudes sur le socialism et la gurre*), C. Bougle 作序,Pairs:Nrf,1938。

② 关于这本各类文章汇编,由胡安·林茨(Juan Linz)编辑,首先出版了英文版 *The Breakdown of Democracy* (London:The John Hopkins University Press,1978),之后的意大利文版(Bologna:Il Mulino, 1981)中有三个基本主题是意大利、德国与西班牙的法西斯主义的出现。

③ 发表自 *Centro de investigaciones sociologicas*,马德里,1981。

的内容并没有被削弱:保障基本自由,存在相互竞争的党派,人们享有普选权的定期选举,集体决策或经妥协的决策(如在协商民主或新社团主义中),或建立在多数原则基础上的决策,或者在任何情况下作为一个联合政府的不同派系或同盟之间的公开论辩的结果。一些民主政治比其他类型的政治更不稳固、更易受攻击,而且有很多种不同程度接近民主理想模式的民主形式,但即便是距离理想模式最远的那种民主形式,也不会和专制国家(stato autocratic)相混淆,更不会成为一个极权主义国家(stato totalitario)。

我并没有提到外部威胁,因为在此我谈论的主题是民主的未来而非人类的未来。我不得不承认,对于后者我并不倾向于下任何赌注。仿照我们会议的标题"未来已经开始",一些幽默的人可能会好奇道:"如果恰恰相反,未来已经结束了,将会怎么样呢?"

然而,我想我能做出一个最终的评述,虽然我承认这对我来说是有风险的:在已确立的民主政体之间没有爆发过战争。这并不意味着民主国家不会爆发战争,但到目前为止它们之间(tra loro)还没有发生过。[1] 正如我所言,这是一个大胆的断言,但我也欢迎人们来辩驳。当康德主张保证永久和平的假想条约的第一个确定条款应该是"每个国家的公民体制都应该是共和制"[2]时,

---

[1] 这个问题近来得到学理的和历史的严肃讨论,参见 M. W. Doyle:《康德,自由主义遗产与外交事务》(Kant, Liberal Legacies and Foreign Affairs),收入《哲学与公共事务》(Philosophy and Public Affairs),XII(1983),p. 205 −235,323 −353。

[2] 康德:《永久和平论》(Zum ewigen Frieden), cit., p. 126(意大利译本, cit., p. 292)。(中译参见何兆武译:《永久和平论》,上海:上海人民出版社,2005,第 14 页。——译注)

他是正确的吗?当然,康德所提及的"共和制"(repubblica)这一概念与目前"民主"的概念是不相符的,但是以国家内部宪法作为反对战争的保障,这一观念被证明是有力且内涵丰富的,许多反战主义计划背后令人鼓舞的理念在上两个世纪中相继出现,尽管其实践仍在孕育之中。针对康德提出的这一原则,各种反对意见始终是源自对如下事实的不理解:既然它涉及的是普遍性原则,针对**整体**(*tutti*),而非个别或某些情况,那么采取所必需的政府形式才能获得永久的和平。

对价值的呼吁

总之,必须对这一基本问题给出一个答案,我经常反复听到的一种观点,尤其是来自年轻人,就是民主易受到幻想和失望的伤害。如果民主主要是一系列程序规则的话,它怎么还能主张依赖"积极公民"?拥有积极公民怎么可能不是必需的理想?理想当然是必需的。它们催生了那些规则,然而,又怎么能忽视为了这些理想所经历的诸多挣扎呢?我们能尝试将它们罗列出来吗?

首先,也是最重要的一点就是,在几个世纪的残酷的宗教战争之后出现的宽容的理想。如果今天对世界和平还有威胁的话,那么可以将这个威胁再次归咎于狂热,换言之,就是对事实的垄断,以及对向他人施加暴力的必要性的盲从。这些事实每天都在我们眼前上演,无须举例说明。其次,就是非暴力理念。我从未忘记卡尔·波普尔(Karl Popper)的名言,即民主国家与非民主国家的本质区别在于,只有前者才能在没有流血牺牲的情况下让公民推翻他们的政府①。民主的正式规则虽然经常受到嘲讽,但它首次作为用以共存的历史手段被设计出来,使得不付诸武力就能解决社会冲突。只有这些规则得到遵守,对手才不会再次成为敌人(被毁灭),而对手明天就可能和我们站在同一战线。再次,有这样一种理想,通过对观点、对立场的修正和对生活方式的自由辩论,会出现逐渐更新的社会理想:只有民主允许形成无声的革命,并使之蔓延开来,正如在过去几十年中,两性关系所发生的情况一样,这种无声的革命可能是我们这个时代最伟大的革命。最后,就是兄弟怡怡的理想(即法国大革命中所称的**博爱** *fraternite*)。人类的历史是兄弟相残(lotte fratricide)的历史。在《历史哲学》(*Filosofia della storia*)中(这样,我可以把讨论结束在我进入的地方),黑格尔把历史定义为一个"巨大的屠宰场"(immenso mattatoio)②。我们不得不承认这一观点。使民主成为一种习惯,世界上没有哪个国家能够不通过它来维持民主的方式。但是没有对血肉相连的亲缘关系的承认,从而把全人类联结到共同的命运上来,民主能够成为一种习惯吗?既然我们每一天都更清楚这种共同的命运,这种承认也就更为必要。理性的微光仍旧在照亮我们的道路,我们应该依此而前行。

---

① 卡尔·波普尔(K. Popper):《开放的社会及其敌人》(*La societa e i suoi nemici*),Roma:Armando,1973,p. 179。

② 黑格尔:Vorlesungen cit. ,vol. I,p. 58。

第二章
代议制民主与直接民主

Democrazia rappresentative e democrazia diretta

我的出发点是一个大家都能够认同的观察：在民主被扩展到比以往任何时候都广泛的社会领域后，人们日益频繁地要求直接民主制作为代议民主制的补充，甚至取而代之。这样的要求并不新鲜，它隐含在现代民主之父让－雅克·卢梭（Jean-Jacques Rousseau）著名的"主权不可以被代表"论断中。他说："英国人民自以为是自由的，他们是大错特错了。他们只有在选举国会议员期间，才是自由的；一旦议员选出之后，他们就是奴隶，他们就等于零了。"①

然而，卢梭也同时坚信"就民主制这个名词的严格意义而言，真正的民主制从来就不曾有过，而且永远也不会有"，因为这种民主预设了一系列不太可能同时存在的条件。首先，它预先假定了一个人口足够小的国家，能够毫不费力地把所有的国民都召集起来，而且每个人都可以了解他所有的邻居。其次，习俗需要极度简化，以防止出现过多的事务和棘手的讨论。再次，需要有高度平等的社会等级和财产分配。最后，社会上只有很少的或者没有奢侈之风，从这里或许可以推断出是卢梭而非马克思最先启发了"紧缩"（austerita）政治。在这里我们要记住他的结论："如果有一种神明的人民，他们便可以用民主制来治理。但那样一种十全十

---

① 卢梭：《社会契约论》（*Contratto sociale*），Ⅲ 15。（中译参见何兆武译：《社会契约论》，北京：商务印书馆，2003，第121页。——译注）

美的政府是不适于人类的。"①

现在,虽然两个多世纪已经过去了(而且这是多么不寻常的两个世纪啊,见证了自由主义革命和社会主义革命,也第一次给了广大人民注定会走向"宏伟而进步的未来"的错觉),我们还是没有成为神明,仍然只是人类。国家也变得日益庞大和人口稠密,没有哪个国家的公民能够认识所有的国人。社会习俗没有被简化,结果各种讨论变得日益复杂棘手。财富分配的不均,在那些自称民主(即使不是卢梭意义上的民主)的国家里,往往不是在减少,而是稳步增加,并持续地引起公愤。与此同时,奢侈并未消失,按照卢梭的说法,"它会同时腐蚀富人和穷人的,对于前者是以占有欲来腐蚀,对于后者是以贪婪心来腐蚀"②(如今这些非但没有消失,一些意大利恐怖组织还故意带有挑衅意味地要求享有奢侈品的权利,他们甚至坚持要这么做,但这也可以理解)。

那么,是不是说要求扩展代议制民主甚或引入直接民主制就荒唐可笑了?我不这么认为。但是在回答这个问题之前,我们有必要阐明一下这场辩论里面的关键词。

很显然,如果直接民主制的含义是所有的公民要参与所有与他们相关的决策制定,这个提议就是很荒谬的。在现代工业化国家里,社会日益复杂,要让每个人参与所有事情的决策,这本身是不可能实现的。而对于人类来说,例如从伦理道德和人类智力发

---

① 同上,Ⅲ 4。(中译参见何兆武译:《社会契约论》,北京:商务印书馆,2003,第84、86页。——译注)

② 同上。(中译参见何兆武译:《社会契约论》,北京:商务印书馆,2003,第85页。——译注)

展的角度来看，这也是不理想的。在马克思的早期作品里，他曾经把"完整的人"（l'uomo totale）作为人类文明进步的最终目标。而卢梭意义上的个人被召集起来，为行使他作为公民的权利，在从早到晚参与到政治决策过程中，他也就不再是"完整的人"而成了"完全公民"（il cittadino totale）（显然是达伦多夫为辩论而创造出来的一个词①）。而"完全公民"细致推敲一下，不过是"完全国家"（lo stato totale）颇具威胁性的另一面。卢梭主义民主经常被理解为与自由民主有基本冲突的极权民主，也就并非偶然了。

完全公民和完全国家是一枚硬币的两面，它们有共同之处，虽然前者是从人民的角度，后者是从统治者的角度来考虑问题。它们有一个相同的原则：一切都是政治的，换句话说，所有人的利益被简化成了城邦的利益，人的整体政治化，将人类全然转化为公民，私人的层面转化为公共的层面，等等。

我想没有谁在要求直接民主制的时候脑子里想的是这些事情。当马克思从巴黎公社的权力运作中，看到了一种有别于代议制民主（特别是有别于波拿巴式的民主）国家机构的种子的时候，似乎也并非想着这样的直接民主；虽然巴黎公社这种受制于空间和时间的高度非典型的经历，可能会给予人错觉，以为在社会的

---

① 达伦多夫（R. Dahrendorf）：《公民与参与：代议制民主在那边?》（*Cittadini e partecipazione: al di la della democrazia rappresentativa?*），收入《完全公民》（*Il cittadino totale*），Torino：Luigi Einaudi 调查与资料搜集中心，1977，第 33-59 页。"如果他们的部门在公民权利的名义下予以拒绝，作为整体的社会就会变得难以管制，而这反过来不会不影响这些部门的生存能力：这是完全公民的悖论。"（p.56）

革命性变革时期可能会甚至必然会出现情绪持续高涨的动员状态,甚至在正常时期也能够令人满意地维持下来(也许唯一适合被称作"完全公民"的人就是革命时期的人;而革命并非通过实施民主的基本原则来实现)。但如果是这样的话,当人们说"从代议制民主到直接民主"之时,他们到底在寻求什么呢?政治口号通常担负着指明发展的大体方向的任务,即使用词含糊不清也无关紧要,因为这样的用词往往更易激发热情,而不能起到落实细节与促成事实的作用。

理论批评家要做的,是要认同或者否决诉诸文字的方案,将令人印象深刻的政治模式变成具有可行性的提案,从充满感情色彩的文字中识别出实在的内容。不谦虚地说,这就是我在接下来的文章中给自己设定的任务。

我先从代议制民主开始说。第一个需要消除的歧义是"代议制民主"是否等同于"议会制国家"。我之所以直接抛出这个问题,是因为很多人认为他们在批评议会制国家的时候实际上也批评了代议制民主。我发表的关于民主制和社会主义的文章引发了一些讨论,后来在一些学术期刊和讨论平台上持续进行,我是在这个过程中慢慢意识到,原来当有人批评议会制国家的时候,总是被理所当然地认为这也是在批评代议制民主。

一般而言,"代议制民主"是指集体审议,即关乎整个共同体的决议不是直接由其成员,而是由为此目的选举出来的代表做出的,仅此而已。议会制国家,虽然在历史上跟它渊源甚深,但也只是代议制原则的一个具体应用;在这样的国家里,作为所有请愿的去向与所有决策的出处的中央代议机构就是议会(至少理论上是中央的,即使实际并非如此)。但是大家都知道,即使是像美国这样的总统制合众国,虽然不是议会制国家,也仍然通常被认为是代议制国家。

此外,当今世界,没有哪个代议制的国家仅仅是在议会里实施代议原则的:被我们称作代议制的国家之所以被认为是代议制,是因为代议原则已经被扩展到其他需要集体决策的环境中,比如自治市、县或者意大利的某些地区。换句话说,所谓代议制国家,是指这个国家的主要政治决策是由被选举出的代表做出的,不管这些代表组成的机构是议会、总统府,或者议会与地方议会的联合,抑或其他模式。

正如同并非所有的代议制国家都是议会国家,议会国家也大可不必一定是代议制国家。如果说我们所理解的民主,一如它本来应该有的含义,是一种全体公民都有政治权,或简而言之,有普选权的制度,就我们所知,在历史上,议会的出现是早于选举权的推广的。所以,很长一段时间里,议会都是代议制的却非民主的。我想指出的是,在"代议制的民主"这个表达里,对形容词的强调和对名词的强调同样重要。一方面,并非每一种民主的形式都一定是代议制的(所以有些人坚持直接民主),同样的,议会制国家也不一定仅仅因为自己是代议制的就是民主制度了。这也就是我强调对议会制国家的批评并不意味着对代议制民主的批评的原因。因为,如果说并非每一种民主都意味着代议,同样的,并非每一个代议制国家都可以定义为民主制国家,或者说历史上也并非每一个代议制国家都是民主制。

这就引出了我的下一个观点。刚才说了,对议会制国家的批评并不意味着对代议制民主的批评。我现在必须加上一条:每一个对代议制民主的批评并不能自然导致对直接民主的支持。到这里，讨论变得比较复杂了。我必须要简化一下内容，虽然可能会把问题也简单化。问题的复杂之处来源于这样一个事实：当我说一个人有"代表"另外一个人或者一群人的作用时，这个词可以有反差极大的不同理解。专门阐述"代表"这个概念——确切地说是术语——的司法学、社会学和政治学文献如此之多，即使是要最粗略地解释一下这个话题，我也必须要写出一整本书。① 任何人想弄明白 A 代表 B 的含义，进而跟别人交流，都不可避免地遇到概念上的难题。为了让他们对这个词有些粗浅认识，我只能简单地指出：说教皇是上帝在这个世界上的代表，跟说里根代表美国人民是不同的。再比如，说斯通先生代表一个制药公司，跟说史密斯阁下代表议会的一个党派也是不同的。

所幸，跟这场讨论密切相关的只有上面最后一个用法。但即使这个用法里也充满陷阱。不用多说，长期以来关于政治代表的辩论是被至少两个问题主导的，人们对它们的看法有着根深蒂固的差异，并因此导致了截然相反的政治立场。第一个问题是关于代表们的权力大小，第二个问题是所代表的内容。为方便起见，通常这样描述：一旦确立了 A 将代表 B，关于代表的内涵，将会因为对以下两个问题的不同回答而得到不同的解决——"A 如何代表 B？"和"A 代表了什么？"这两个问题最常见的答案众所周知。第一个问题的答案：A 以"代表"（delegato）或者"受托人"（fiduciario）的身份代表 B。如果是以"代表"的身份，A 纯粹并且仅仅

---

① 第一手的精彩资料参见《代议政治》（Rappresentanza politica），M. Cotta 编撰，收入《政治辞典》（Dizionario di politica），Torino：Utet, 1983, pp. 954 – 959，那里引用了多位作者。

是他所代表的人的一个发言人、使者或者报信者,所以授权范围极其受限,并且是**随时**(ad nutum)可撤回的。如果是另外一种情况,A 处在受托人的位置,这就赋予 A 权力,能以 B 的名义代表其所要代表的,并拥有一定自主权。只要在司法制度允许范围内,A 可以用个人的判断力来解读一些利害关系。在这样的情况下,A 对于 B 的代表没有授权带来的限制,或者用宪政理论的术语来描述,A 和 B 之间的关系并非一种强制授权。即使第二个问题(关于代表了"什么")也可以有两种答案:A 可以代表 B 作为一个公民的整体利益,或者代表 B 作为一名工人、公司行政主管、专业人士等的特定利益。另外,也要注意到,代表内容的差异也会涉及"**谁**"是代表的问题。

如果代表被召集来代表某个人的整体利益,他不一定必须和被代表人是同行,实际情况也正好相反:大部分代议制都有一个形成已久的特点,代议制都组成了一个特定的职业代表群体,即职业政治家。另一方面,当代表被召集来代表某个社会群体的特定利益的时候,根据工人能更好地代表工人、医生能更好地代表医生、教师能更好地代表教师、学生能更好地代表学生等原则,他或者她和被代表的人通常是来自同一个职业群体。

我想读者一定不会没看出,一方面,特定利益的代表和"代表"身份的关联;另一方面,对整体利益的代表和"受托人"身份之间的关联。通常两者之间确实是这样相结合的。我举一个意大利人熟悉的学生抗议的例子:学生权力运动通常会首先摒弃那些代表人士或组织,因为他们更多的是"受托人"而非"代表",然后通过学生议会的方式实现强制授权。与此同时,这显然是一个有机代表(una rappresentanza organica)的例子,即代表的是特定利益,而代表和被代表人属于同一群体。

在大多数基于代议制的国家里,其政治代表运作有相反的情形。在多数代议制民主国家里,代表是"受托人",他代表的是整体利益而非特定利益(而且,正因为代表的是整体利益而非特定利益,民主政治中有一个实施原则,就是禁止使用有法律强制力的授权)。

在构建好概念框架后,我想现在可以具体说明一下当我们说一个体制是代议制的,或者人们平常说到代议制民主的时候,"代表"这个词所指的含义了。在这些情况下,作为代表,他有两个属性:(a)他通过选举的方式获得全体选民的信任,所以要为选民负责,不能被解职;(b)他对选民没有直接的责任,因为他是被召集来保护市民社会的整体利益,而非某个群体的特定利益的。

在以代议制运作的政治选举中,一名信仰共产主义的工人不会为非共产主义的工人投选票,而是会投票给共产主义者,哪怕这个人并非工人。这意味着,党派的团结,以及选民整体利益的前景,远比某个群体的特定利益重要,因此在考虑时优先于特定利益。正如我前面提到的,这种体制的一个后果就是,这些代表不代表某个特定利益群体,而是代表整体利益,在某种意义上可以说,他们已经形成了由职业政客组成的他们自身的利益群体。正是那些人引发了马克斯·韦伯恰如其分的定义:不仅**为了**政治(per politica)而生,而且**依靠**政治(di politica)而生。

我之所以强调代议制的这两个重要特征,是因为一般而言,对代议制民主的批评也正是聚焦于这两个方面,以期能够取得一个更广泛、更彻底,或者更民主的民主。在这些论战中,可以区分出两种主要观点。首先,是以代表和被代表双方应该有更紧密的关联为名,类似于在私法中受托人和委托人之间的约束力,批评对强制授权的禁止,进而批评作为"受托人"关系的"代表"。然后,有些人认为代表一些社会群体的特定利益有其必要性,他们批评对整体利益的代表。

关于政治代议制的利弊,几百年来一直争议不断,任何对此历史熟悉的人,想必都很了解以上这两点是核心议题。两者都作为社会主义思想传统的组成部分,或者更准确地说,在社会主义思想家推进其对代议制民主的批评时,它们作为民主这一概念的组成部分出现。代议制民主被认为是资产阶级最进步一脉的特有意识形态,被称作民主的资产阶级意识形态。两个议题中的第一个,即主张全体选民重新获得法定授权,因为禁止强制授权是极不合理的。这直接源于马克思主义的政治思想,众所周知,马克思不厌其烦地强调巴黎公社"基于普选的方式选举出所有担任行政、司法和教育部门职位的人,并且选民随时有权将其罢免"①。

这个原则被列宁继承并一再重申,最开始是出现在《国家与革命》(*Stato e Rivoluzione*)中,到后来成为不同时期苏联宪法的指

---

① 马克思:《法兰西内战》,收入 *Il partito e l'internazionale*, Roma: Edizioni Rinascita, 1948, p. 178。[中译参见中共中央马克思恩格斯列宁斯大林著作编译局译:《法兰西内战》,北京:人民出版社,2016。其中《〈法兰西内战〉初稿》:"普法权已被运用于它的真正目的:由各公社选举它们的行政的创制法律的公职人员……彻底清楚了国家等级制,以随时可以罢免的勤务员来代替骑在人民头上作威作福的老爷们",第 103-104 页;《〈法兰西内战〉二稿》:"公社必须由各区全民投票选出的市政委员组成(因为巴黎是公社的首倡者和楷模,我们应引为范例),这些市政委员对选民负责,随时可以罢免",第 130 页。——译注]

导原则。苏联现行宪法第一百零五条写道:"人民代表必须就自己和苏联的行为征求选民意见。代表如果辜负了选民信任,可以依照法定的程序,以多数决议的方式随时解除对其授权。"这个原则已被传播到了多数人民民主政体(这与多数西方民主政体的宪法是相反的,比如意大利宪法第六十七条规定:"每一个国会议员都代表国家,行使职责时没有授权的限制")。与之形成对比的是,第二个议题是关于群体利益的代表,或者说有机(organica)代表,是19世纪晚期英国的社会主义思想,尤其是源于霍布森(Hobson)和柯尔(Cole)的基尔特社会主义(guild-socialism,同业协会社会主义)思想流派的显著特点。他们提出的根本性体制改革在于要将国家分解成公司社团,只保留其领土的完整性,设立与领土代表共存的功能性代表(代表的对象是正式成立并被承认的特定利益群体)。领土代表承担的就是传统的议会制度的责任,毕竟这种政府形式是起源于英国的。

我必须强调一下,这两种革新政治制度的建议都不能起到将代议制转化成直接民主制的作用。第二个建议显然是做不到这一点的,因为它将自己局限于用一种代议制代替另外一种代议制。而且虽然功能性的利益代表是左翼政治运动团体提出的,但是它是否比当今社会聚合整体利益的政党推行的领土代议制更为民主,也是值得商榷的。

在意大利,无论再怎么没有成果,我们也不会忘记,迄今为止唯一一次企图以功能性代议制替代政治代议制的尝试,是由法西斯主义者实施的政体团体议院(la camera dei fasci)与同业协会议院(la camera delle corporazioni)。就我来说,我还记得第一次世界大战刚结束那几年,不仅仅是社会主义群体,而且也包括一些天主教政党也在大力宣扬体制性的改革,旨在朝着基于特定利益的代议制发展。两个自由主义作者埃伊那乌迪(Einaudi)和鲁菲尼(Ruffini)看出来,这会给民主和公民自由的后续发展带来一定的危险(埃伊那乌迪写道:"有必要说明,我们这些反对自封的现代立法原则的人有义务郑重声明,所有这些特定利益的代议制度,所有这些联合协会,都令人震惊地倒退到了中世纪形式的政治代议制,这些制度已经被现代议会制度在其发展过程中摒弃了")。他又写道:"赋予行业代表们决策的功能,等于用既得利益代替整体利益,更甚之,是在鼓励利己主义和权利滥用。"① 这并不表示我认同我们的议会应该只服务于整体利益的说法,我做梦也不会说这样的话。我们议会体制的困扰之一是被我们称作"小法律"(leggine)的激增,看起来它们越受谴责发展势头反而越旺。这些法律,是为了使一小部分人受益,在一些有共同利益的权势团体的成功游说下被通过,此时的"共同利益"是在这个词最坏的意义上使用的。重点是,这确实是一个困扰,而不是什么积极的事物。这是议会制度退化的方面之一,应该被纠正而不是让它更严重。

"二战"以后,有机代议制度的问题在制宪会议的审议过程中又被提起。解决的方案是成立国家经济和劳动委员会这种形式的宪法上的过渡体,它只被赋予了顾问功能,所以无论是在刚组建的时候还是在近期的复苏以后都没有发挥过作用。

有一点我们要清楚:有机或者群体的代表本身并没有问题,

---

① 埃伊那乌迪(L. Einaudi):《利益代表与议会》(*Rappresentanze di interessi e parlamento*, 1919),收入《政治经济三十年编年史》(*Cronache economche e politiche di un trentennio*), vol. V, Torino: Einaudi, 1961, p.528。

在有些情况下,它不仅是理想的,而且是不可避免的。很显然,大学教职员工委员会应该由教职人员,而不是政党成员组成。不这么明显的事实是:学生代表或者行政人员并不能以同样权利参加这样的大会,即使他们能的话,任何民主行使过程中的缺陷也并不是由于代表的区分性,而是因为区分的程度还不够。而教职人员协会,如同工厂协会一样,能够妥当地发挥其功能,在一个清晰界定的技术领域做出自己的决策,这个领域跟政治代表机构要面对的普遍和非技术领域无关。有批评余地的不是这样的群体代议,而是超出其适当范畴的群体代议制。

所以,学校里学生代表学生,工厂里工人代表工人,是不应该被反对的。但是一旦背景改变,关系到了公民利益,而不仅仅是这个或那个利益群体的利益,他们就应该被一些特定的公民代表。区分这些公民不是根据他们代表的利益群体,而是根据能体现他们考虑问题方式的整体视野(这种视野不是靠成为哪个利益群体的成员,而是基于对政治运动的参与来获得)。

当然,代表可以被撤销的规定比代表独立于任何有约束力的授权更接近直接民主。实际上,将代表和选举人群联系起来的纽带从来没有被切断过。但即使这样,我们也不可能谈论真正意义上的直接民主。如果想要有真正意义上的直接民主制度,即个体亲自参与关乎他们利益的商议,做出决策和被决策影响的人之间应该没有任何的中介。即便是可被撤销的代表也是一种中介,很重要的原因是无论他或者她多大程度上受制于他们所代表对象的指令,在实践中总有一些灵活处理的余地。这些代表需要达成集体的决议,如果每个人都不能有任何的灵活余地,那么集体决议是不可能完成的。而且如果临时通知撤回一个代表替换成别人,协商就会有被搁置的风险。

真正严格按照指令行动的人,是发言人、信使或者国际外交里的大使。但是这种指令的不灵活绝对不是集体组织运作的典型方式。要说典型,它在等级制度控制的机构中倒是如此,也就是说在那些权力由上向下运行而不是由下往上的机构中。所以,它更适合专制制度而不是民主制度。很显然,一个处在等级中高级别的人向一个下级远比向一个议会更容易发出严格的指令。对于后者(民主制度)来说,如果付出极大努力,有可能在制定政策决议的时候将之实现,但是几乎永远没有可能将这些政策决议转化成指令(如果只有政策,没有具体的指令,授权的强制约束力也只是一纸空文)。

在当代,如果说受托型的代表制不是真正的直接民主的话,它至少是代议制民主和直接民主之间的一个妥协。这使得我要重申前面的一个观点:纯粹的代议制民主和纯粹的直接民主制之间不像直接民主制倡导者所认为的那样有质的飞跃,就好像两者之间有一个分水岭,一旦越过去,风景就完全变了。事实并非如此:历史上的代议制和直接民主形式如此繁多,以至于人们不能够把这个问题用"非此即彼"来概括,好像它们都只有一种可能的形式。从代议制到直接民主的转化问题,只能从连续体的角度来描述,很难说这个转化在哪一点结束,又在哪一点开始。

代表可被撤销的民主制度是一种代议制民主,因为它允许有代表;但同时比较接近直接民主,因为代表是可被撤销的。它就像是一个两栖动物。历史总是曲折前进的(据说大自然与此相反,总是走最近的路线),它给我们提供了无数这种类型的例子。正是因为在极端形式的代议民主制和极端形式的直接民主制之间有各种程度的中间形式,任何一个发展成熟的民主制度通常都能容纳所有的形式,能够根据不同的形势和需要做出形式调整,使之适应不同的形势与需要,彼此完美地相容。这意味着,在现实中,代议民主和直接民主并非是一山不容二虎的、二者必须择其一的制度,而是能够互补的。可以说,在一个成熟的民主制度下,两种民主制度都是必需的,只靠其中一种是不够的。

让我们考虑一下纯粹意义上直接民主制的可行运作机制,其不足是显而易见的。它主要有两种运行机制:省掉中间人的公民大会决议和全民公投。任何一个像现代国家这样复杂的制度都不可能只以上述其中一种方式运作,即使两者结合起来也不行。

卢梭所设想的公民大会的民主形式,他自己也很清楚,只能在很小的社区里存在。这种最理想的经典模式是公元前5世纪和公元前6世纪雅典的情况,那时只有几千个公民,除了自愿或者其他别的原因缺席的,他们的集会,可以在预先商定的地点全体集合。实际上,据格罗茨(G. Glotz)说,虽然平时开会的山坡上可以容纳2.5万人站着、1.8万人坐在凳子上,也很少会见到超过两千人来参加的场面。

除了几个非常特殊的在这里可以合理忽略的例子,现代社会已经没有城邦了。而且,国家里的城市也比伯里克利(Pericles)统治时期的雅典或者卢梭时代的日内瓦要大一些。我们的确已经或者正在把这些城市划分成了选区。在动员地区或者选区参政的初期阶段,地方议会或多或少会同时涌现,或许这时候谈论直接民主还是恰当的(是直接民主,但是在参与人数上非常有限)。但是,一项运动会有内在的天然倾向,从起始,或者是阿勒柏罗尼(Alberoni)所谓的初生期(statu nascenti),到被制度化,从自发阶段到不可避免的有组织的阶段——突然之间就会出台关于群众参政法制化和规范化的法律,参政的方式也明显地变成代议制民主了。即使选区也不再被公民大会支配,而是被他们的代表控制了。

至于公投制,这个唯一能切实有效地被应用在大多数先进民主制里的直接民主的机制,它仅仅是适用于非常时期的非常应急手段。很难想象一个靠不断向民众诉求决策的方式来管理的国家:考虑到意大利每年大概起草的法律数量,我们可能要平均每天都要召集一次公投了。除非我们把科幻故事里的场景当真:公民在家里舒舒服服地按下按钮就能把选票传输给一个电子计算机了。①

但毫无疑问,我们的确在目睹着民主化进程的延伸。如果一定要在一个处于政治扩张时期的社会里找出明显且有趣的征兆,比如意大利,其中最先要指出的就是在号召人们参与到决策这一不断更新的领域时所取得的成功。很抱歉我说得有点过于简单化了,但是权力只能朝两个方向流动:要么自上而下地下降,要么自下而上地上升。在现代国家里,前一种情况的典型例子就是官僚权力,后者的例子就是政治权力,这里的政治权力是指权力在地方、地区、国家等各个层面被行使着,以公民或者作为公民的个人的名义并代表着他们的利益。

---

① 就此问题美国不乏各种讨论,参照 Z. Brzezinski, *Between two Ages: America's Role in the Technocratic Age*, New York: Viking Press, 1970;以及 G. Tullock, *Private Wants in Public Means: an Economic Analysis of the desirable scope of state Government*, New York: Basic Books, 1971。

现阶段，民主的进程，即上升型权力的扩张，正从政治关系领域——在这种关系里的个体身份主要是被看作公民——向社会关系的领域扩展，其中的个体被看作在特定情况下承担不同的职务或角色的人。比如他可以被看作是父母、孩子、配偶、演员、工人、教师、学生、医生和病人、军官和士兵、公务员和来办事的人、生产者和消费者、公用事业公司的负责人或者客户，等等。

我把这种情形的特点描述如下：现在如果有人说起民主化进程，这并不是像很多人错误地理解的那样，是从代议制民主转化成直接民主，而是从严格来讲的政治民主到社会民主的转变。换句话说，上升型的权力——迄今为止几乎都是被局限在国家层面的宏观政治里（有的也存在于小的、微型的、跟政治不太相关的自发组织里）——正在被传播到市民社会中的从学校到工厂的各个领域。我之所以提到学校和工厂，是因为它们代表了大多数现代人度过大部分人生的地方，我特意没把教会或教堂放在考虑范围，是因为宗教团体既不属于政治也不属于民事范围，即使宗教团体也被紧迫的民主化问题扰得一团混乱。

简言之，我们可以说，现代社会发展的方式并不应该被理解为出现了新的民主形式，而是像代议制民主一类的传统民主类型正在渗透到新的范围，这些范围到目前为止都是被等级组织或者官僚组织所占据的。

从这个角度看，我认为有理由说在民主制度发展的过程中出现了一个真正的转折点，这个转折可以简单地概括为：从国家的民主化向社会的民主化转变。也很容易理解，在历史上，政治民主化是先于社会民主出现的，因为政治领域做出的决策最能影响整个社会。

当政治民主实现了以后,人们又意识到了政治领域仅仅是整个社会构成的更广泛领域中的一部分,而没有哪一个政治决定不被市民社会正在发生的事件影响甚至决定的。人们更进一步地领悟到,国家的民主化很大程度上可以通过建立议会制度实现,但是社会的民主化是另外一回事,造成的结果就是民主的国家很可能存在于一个从家庭到学校、从商业到社会事务管理部门的大部分机构都不是民主运行的社会里。这就引出了一个最能反映一些政治上来说民主的国家目前所处在哪个民主演进阶段的问题:民主国家能够在不民主的社会里存在吗?或者可以用另外一种方式表述:政治民主化一直都是而且将继续防止一个国家成为专制统治的受害者。但是只有政治民主就足够了吗?

我曾经提到过以下的情况表明这种巨变正在发生:直到最近,人们想要检验某个国家民主的推进程度的时候,他们总是把政治权利从有限的选举权扩大到普选权作为进步的指标,所以,即使是间接地参与组成政治决策组织的权利普及,也被当作是衡量民主的主要指标。如今,选举权已经被推广到妇女,而且选民年龄限制降至 18 岁,在这个方向上已经不可能有再进步的余地了。

如今,如果需要给出一个民主进步的指标,已经不能通过拥有选举权的人数来说明问题,而是要看在政治领域之外有多少领域实施选举权。一种言简意赅的说法是:判定一个特定国家民主进程的标准不应该再是规定了"谁"可以选举,而是他们可以在"哪儿"投票(需要指出的是,我这里说的"投票",意指最典型和普通的参与方式,但并不仅仅局限于此)。

以后,当我们再提出在过去的几年里,民主在意大利是否取得了什么进步的问题时,我们必须要问的不是增加了多少选民,而是多了哪些公民能够行使投票权的地方。这种民主变革的一个例子是成立了家长们可以参与的学校委员会(与之形成对比的是,一项类似于选举学生代表进入学校委员会的规定会被认为是不充分的、失败的措施,因为不充分才导致了失败)。

我们必须直面这样一个现实:这个过程才刚刚开始,我们不知道它会如何发展,会发展到什么程度。我们也不知道它是注定了要继续还是到了要停滞的关头,是会缓慢进展还是会突然爆发。有一些令人鼓舞的迹象出现,而有些却不尽如人意。有人要求自治,相应地也有人想要完全不被治理、不被打扰。过度政治化的结果是会出现强调私人领域的声音。将政治化拓展到更多的决策领域,这枚硬币的另外一面是对政治的冷漠。一些人热衷政治,是以很多人的不关心政治为代价的。历史上,一些知名或者不知名的领袖发起的政治激进主义换来的是群众的因循守旧。

没有什么比这种"各人自扫门前雪"的人们对政治的漠不关心(qualunquismo)更能伤害公民的政治积极性了。这个想法已经被一些经典作家清楚地描述过。比如修昔底德(Tucidide)记录过伯里克利(Pericles)的一句名言:"一个不关心政治的人,我们不说他是一个注意自己事务的人,而说他根本没有事务。"①卢梭也同样坚信这点并说道:"一旦公共服务不再成为公民的主要事情,并且公民宁愿掏自己口袋的钱而不愿本人亲身来服务的时候,国家

---

① 修昔底德(Tucidide):《伯罗奔尼撒战争》(*La Guerra del Peloponneso*),II40。(中译参见谢德风译:《伯罗奔尼撒战争史》上册,北京:商务印书馆,2011,第149页。——译注)

就已经是濒临毁灭了。"或者是他典型的精辟句子:"只要有人谈到国家大事时说:这和我有什么相干? 我们可以料定国家就算完了。"①

无论如何,有一件事情确定无疑:任何一个复杂社会、大企业和公共行政机构都有的两大阻碍——下降式权力和等级制权力,民主化进程甚至还都没开始触及它们的表面。而只要这两个阻碍经受得住自下而来的压力,社会的民主化变革就不能说是完全的。我们甚至不能肯定这个变革是否有实现的可能。我们只能说,如果未来民主的进程是根据对非民主势力所掌控领域的渗透来衡量,而这些领域如此繁多、庞大和至关重要,那么离完全实现的民主——假设这个目标不仅是理想的且是可能的——还有很长的路要走。

但同时,当聚焦点从国家转向市民社会,我们不能不注意到除了国家以外还有其他权力中心。我们的社会不是独裁政治的(monocratiche),而是多元政治的(policratiche)——这个词很容易让那些毫无戒备者陷入多元论的泥潭里。②

可以确定的是:从我们放弃对政治制度的狭隘理解,将由之构成的社会纳入我们的视野中开始,我们就遭遇了那些权力中心,它们存在于国家之中,但是并不直接等同于国家。不可避免

---

① 卢梭:《社会契约论》,III 15。(中译参见何兆武译:《社会契约论》,北京:商务印书馆,2003,第119-120页。——译注)

② 1976年发表于意大利媒体的关于多元主义的重要文章的合集《多元主义》(*Il Pluralismo*),G. Rossini 编辑, G. Bodrato 作序, Roma: Edizioni Cinque Lune, 1977。

地,在这个时候民主的问题就会遭遇到多元政治的问题,或者也可以说,民主的问题包含了多元政治的问题。

但在考虑这个方面之前,需要有一个预警。近来那些关于多元论的讨论中,有人表达了这样一个观点:认为多元社会和民主社会实际上是一回事,因此不需要徒劳地增加实体。这种哲学不适用于治理有方的国家,比如意大利,就是因为把临时性变成了它唯一能持续的特性,把奢侈多余当作必不可少而声名狼藉,多元主义的概念,只能起到引发知识分子们的学术辩论热情的作用。事实并非如此:多元主义的概念和民主的概念,如同逻辑学家所说,并非是相同的范畴。一个非民主的多元社会和非多元的民主制度是完全可能的。

作为前者的一个典范,我一下子想到(欧洲的)封建社会,她是历史上最突出的由多个往往互为竞争关系的权力中心和一个非常薄弱的中央政府组成的社会。把她称作现代意义上的国家,我们会有些迟疑,因为我们恰恰是把这个词用在中世纪社会解体后出现的地域实体上的。封建社会是一个多元化的社会,但并不是民主社会:它是诸多寡头统治的总体(un insieme di tante oligarche)。

为了举例说明第二种情况,古典时期的民主制度又可以派上用场了,当时公共活动在城邦中发生,而民主,正如前述,是直接民主,个人和城邦之间没有任何的中间物。卢梭在批判"部分性社会"(societa parziali)妨害了公众意愿形成的时候,心中所想的肯定是古典民主和直接民主,因为在他看来,最终能够成为主导的终将是个别意见。他继而提出了非多元化民主的条件,甚至宣称多元化将会毁掉民主。

如果民主和多元的概念并不一致,那么阐明两者之间的关系,非但不是无用功,而且在试图评估民主化进展的过程中,发挥着至关重要的作用。与古典城邦相比,我们的社会有多个权力中心,这是不可否认的事实。由此带来的结果是:不同于古代世界民主制之下的种种,现代社会的民主需要跟多元主义相妥协。多元主义,最主要不是一种理论,首先是作为我们生活的重要组成部分。当今的意大利是一个多元主义社会,这并不是天主教徒或者共产主义者杜撰出来的理论,而是他们或者其他人要去诠释的社会现实,当然他们会以各自不同的方式,又都试图以此推测出它的发展模式(目的是为了不被落在后面,或者对其加以抵制)。为方便区分,多元主义对意大利社会的影响可以说在三个层面发生:经济、政治和意识形态。

毋庸置疑,在这三个层面的每个层面上,意大利社会都分成了不少相互对立的群体,他们成为一些根深蒂固的紧张关系的聚焦点,在不断地瓦解和重组过程中,总是充满了激烈的冲突。在经济层面上的多元主义,表现在我们的市场经济依旧部分性地完好,大公司仍然处在彼此的竞争中,但与此同时,还有与私营领域截然不同的名副其实的政府控制的公共领域。还有政治上的多元主义,几个相互竞争的政党或者政治运动团体,通过赢得选举或其他方式,获得国家或社会的权力。而意识形态领域的多元主义,自从出现各种思潮、各种世界观、各种政治纲领,而不只有一种国家学说的时候就出现了,它们各显神通,反映出远非一致或同源的公众舆论。在意大利社会中,日常生活所及的这三个层面都充斥着分歧,并且到了旁观者有时候会觉得太过分的程度。

那么说民主要与多元主义相妥协,含义是什么呢?这意味着现代国家除了成为多元民主,别无他法。让我们来研究一下其中的原因。民主理论和多元主义理论的共同点是它们两个都对权力滥用做出批判,在这点上并非水火不容反而是互补和趋同的。就解决权力过于集中的问题,它们代表了两种不同的、但未必要非此即彼的解决方案。民主理论针对的是专制(il potere autocratico),即自上而下的权力,认为解决这个问题的方法是自下而上的权力;多元主义针对的是独裁(il potere monocratico),即权力集中在一个人手里,认为解决这个问题需将权力合理地分配。

两种解决方案的差异源自专制和独裁的不同。引用我们前面提到的例子,卢梭提出的共和政体既是民主的又是独裁的(monocratica),而封建社会既是专制的也是多头政治的(policratica)。但如果专制和独裁权力不尽相同,另外两种国家的理想形态就成为可能:一个既独裁又专制的国家——历史上最著名的例子是君主专制政体,以及既是民主的同时又是多头政治的国家——在我看来,这正是现代民主的基本特征。

换句话说,现代国家民主的特征是:它们是在两个并行的阵地与权力滥用做斗争——以自下而来的权力之名反对自上而来的权力,以权力分配之名反对权力的集中。而且不难解释,是哪些客观的原因决定了这场必要的双阵地的反击战。在直接民主可能实现的情况下,唯一的权力中心能够对国家实施最好的统治,公民大会(l'assemblea dei cittadini)就是这样的例子。当直接民主由于领土广博、居民人口庞大,以及需要解决的问题太多而无法实现,要借助代议制民主的时候,仅靠自下而上的非直接民主不能确保抵制权力滥用,必须同时依靠代表不同利益的团体达成互惠的协议,并通过不同的政治运动表达出来,彼此竞争,以期获得权力临时地、和平地行使。

前面曾经多次提到,跟直接民主相比,代议制民主往往会催生出党派委员会形式的小寡头集团,它的这个缺陷只能通过让大量的寡头集团共存并且公开竞争的方式来纠正。当然更好的情况是,随着参与度的提高,市民社会民主化进程得到推进,市民社会中的各种权力中心出现,这些小的寡头集团能够逐步削弱寡头的程度。这样就能够确保权力不仅得到分配,还能得到更好控制。

最后,多元主义让我们意识到跟古典时期的民主相比,现代民主的一个基本特点是在表达异议时获得的自由,或反过来说,是许可。这个特点是基于如下信念:只要在所谓的游戏规则允许的范围内表达异议,不仅不会损害现代社会,反而能使它更加稳固;而一个异议不被允许的社会,注定将会或者已经死去。在论述这个问题的成千上万篇文章中,我读到过一篇作者是弗兰克·阿勒柏罗尼(Franco Alberoni),发表在1977年1月9日的《意大利晚邮报》(*Corriere della Sera*)上的《民主意味着异议》(*Democrazia vuol dire dissenso*),在我看来没有比它更让人信服的了。有一个电视台就阿勒柏罗尼的文章进行了圆桌讨论,有一些著名的人物认为,当一个社会可以依靠全体成员的一致决议时,民主社会就出现了。他的回应是:"全然不是。"他接着说:"民主是一个以异议为前提的政治制度。它仅仅要求在一点上的一致:竞争的规则。"因为就西方的民主而言,坦率地说,"是意味着并非要求一致而是存在着异议、竞争和竞赛的政治制度"。

正如人们在回应错误的观点时经常会发生的事情一样,阿勒柏罗尼也错误地走到了另一个极端。显然,民主的特点不仅在于可以发表异议,也在于达成意见的一致(不单是关于游戏规则的一致)。他的意思是说,一个民主政体并不需要全体一致的同意,不论是自愿还是非自愿的(但是强制获得的同意还能称作同意吗?)。这样绝对民主(democrazia totalitaria)的政体,也能套用阿勒柏罗尼再恰当不过的话语,"非但没有给不同想法者反对的权利,还想将他们降格为忠诚的臣民"。不过,绝大多数的同意恰恰暗示了小部分异议者的存在。

全体同意是不可能的,倘若声称其存在,就肯定是被组织、操纵和导演出来的,所以也就是虚假的。用卢梭著名的一句话说,"是那些被强迫着自由发表意见的人的全体同意"。一旦我们承认了这点,那么我们该怎样对待这些异议者呢?此外,在一个禁止发表异议、无权选择同意或反对、同意是强制的甚至是受到嘉奖的、反对不仅被禁止而且会受到惩罚的环境里,同意还有什么价值?这是同意还是仅仅对强权的被动接受?如果同意不是出自自由意志,同意和等级制度所要求的对上级的服从有何区别?然后,如果我们不认同全体同意是同意的完美形式,而一个建立在同意基础上的制度必然包含反对,我再次提出这个问题:我们应该如何对待这些异议者?我们是镇压他们还是让他们活着?让他们活着的话,是把他们关起来还是让他们行动自由?我们是钳制他们的言论还是让他们作为自由公民生活在我们中间?

我们自欺欺人是没有用的:民主制面临的严峻考验在于我们对这些问题给出什么类型的答案。我并非说民主不是建立在同意而是建立在异议之上的制度,我是说如果一个政治制度建立在一种不是自上而下的强制共识的基础上的话,某种形式的异议是不可避免的。同时,只有在可以自由表达异议的地方,共识才是真实的。更进一步说，只有在共识是真实的地方，一个制度才有理由宣称自己是民主的。基于这个原因，我认为民主和异议之间有着必要的关系，因为，我再次强调，一旦承认了民主意味着真实的而不是虚假的共识，我们唯一有可能评估共识的真实性的办法就是评估反对的程度有多大。但如果我们禁止反对，又怎么能够展开评估呢？

我无意在此探讨同意和异议之间的辩证关系，更不想赘述所有政治制度都必然存在的异议的限度。一方面，无论官方如何加以限制并掩饰，没有哪种制度下异议是不被暴露出来的。另一方面，虽然有各种对言论自由和新闻自由的宣扬，也没有哪种制度可以对异议不加限制。现实中没有理想类型，而只有各种这样的或那样的理想类型的近似模式。

除了被认为是破坏性的团体（它们不尊重游戏规则）以外，允许所有类型的政治组织存在；除了官方组织（它们不仅强制推行游戏规则，还强行规定游戏的唯一进行方式）外，禁止所有形式的政治组织。这两者之间当然存在区别，在这两个极端体制之间，存在多种中间形式。在一端的纯粹专制独裁与另一端的纯粹民主之间也存在多种体制，它们或多或少有些专制，也或多或少有些民主。或许，实施一定程度上的社会控制，民主政体能够转化为专制独裁，就正如一个专制独裁的政权放松了管制就有可能发展成为民主。不过，区分的标准还是存在的，即看它为异议保留了多少空间。

我为什么把多元主义的问题和异议的问题联系在一起，现在就很清楚了。仔细研究就会发现，只有在多元的社会，异议才可能存在；不仅是可能而且是必不可少的。

一切都在这里了:我们反过来重新做个梳理,自由表达异议是以多元化社会为先决条件,多元化社会允许有更进一步的权力分配,更进一步的权力分配为现代社会的民主化进程开启了一扇门,最终市民社会的民主化拓展并整合了政治民主。

如上所述,我认为我指出了一条能够带来民主的延伸但不必然走向直接民主的道路,当然我也深知存在着不严密的地方和各种缺点。我个人觉得这是一条危险重重的正确道路,不过,我同时也相信一个好的民主主义者既不应该幻想取得最好的结果,也不应该甘于接受最坏的结果。

第三章
民主的制约
I vincoli della democrazia

当进行"新政治运作模式"(nuovo modo di fare politica)的讨论时,我们必须明白我们所说的这一套经过多年使用与滥用,像多数政治口号一样,更多的是能够激起情感而并无确切的含义。因此,我们必须考虑的就不仅是那些可能的**新**主旨和**新**策略,首要也是最重要的是探讨在特定的历史环境下展开政治角力的游戏规则。

游戏规则问题至关重要,如果我们不把它考虑在内,就会有面临因规划糟糕而全盘皆输的风险,这至少有两个原因。首先,将民主与其他任何体制相区分的并不仅仅是它所拥有的一套特定游戏规则(每种体制都有透明度不同、复杂度不一的规则),而是历经几个世纪的被挑战与维护之后,它的规则比其他体制的规则更加复杂精密,迄今为止几乎是广泛地被列入了宪法,比如在意大利。我前面几次提及,现在仍然不厌其烦地重申,当今社会的民主制度最重要的是代表着一套程序规则,其中多数原则是主要的但并非唯一的原则,不明白这点,是无法理解民主制度的。①我这样讲并非意味着一个政府只要尊重民主的游戏规则就算是好政府。我只是说,在我们这个特定的历史时代背景下,政治角力是依据一套规则进行的,对这套规则的尊重,且不论其他的方

---

① 我在《哪种社会主义?》(*Quale socialismo*,Torino:Einaudi,1976)一书第41-45页有专门讨论。

面,构成了整个制度合法性的基础。无论如何,这个基础到目前为止依然是不能违反的。所以,凡是提出另外的政治制度可能性的人,不可避免地要表达自己对这些规则的看法,或者要说明自己是同意还是反对,如果反对的话他们准备用什么规则来代替之类。

我印象中左派通常对"民主的规则"的重要性和本质不甚清楚,也不知是要对其进行改革还是取代它们(也有些人例外,他们反对规范化的竞争,因为这种斗争形式没有把恐怖行动和赤裸裸的暴力排除在外)。我举两个例子:第一,在一篇著名的发言中(著名是因为它引发了一场持续数月的争论,并以出书作结)①,阿尔都塞(Althusser)写道,政党"会尊重游戏规则,只要它们的领导人认为根据经典法律原则它们是属于政治范畴之内的"。但他随即又说:"毁灭资本主义国家并不意味着要废止其所有的基本原则,而是要对其进行深刻的变革。"②这当然是一个相当模糊的表述。按照阿尔都塞的说法,废止所有的游戏规则是不可能的事情,但是谁又会好心地告诉我们哪些要废止,哪些不要呢?我在别的地方表达过我的欣慰,并非所有的民主基本原则都会被废除,但我也担忧没人可以事先告知哪些好的原则会被保留,哪些坏的会遭摒弃。③ 然而,在民主这样一个结构紧密、逻辑清晰的制度里,那些把它变为现实的程序步骤历经了几个世纪的考验,组

---

① 博比奥,等:《探讨国家》(*Discutere lo stato*),Bari:De Donato,1978。

② 同上,第16页。

③ 《国家理论还是政党理论?》(*Teoria dello stato o teoria del partito?*),同上,第103页。

成了一个紧密联系的制度网,谁又能确切地区分出哪些规则值得保留,哪些我们应该放弃? 我们应该在保留普选制的同时禁止言论自由吗? 保留言论自由但废除多党制吗? 还是保留多党制但废除对民权的法律保护? 其实归根到底,宣称不是所有的规则都要被摒弃,是一种避免就游戏规则的关键问题清晰表明自己的观点的方法,而且更甚之,也暴露了对怎么解决这个问题完全没有头绪。

第二个左派在这个问题上含糊其词的例子是由罗萨(A. Asor Rosa)最近的一篇文章提供的。这篇文章还提出了几个有趣的观点,我希望或许以后在别的地方能更充分地探讨一番。他写道,民主制度的规则"的确不可抗拒"(effettivamente ineluttabili),但是他批判说这些规则被变成了绝对真理,就毫无必要了。他继而论证道:"民主,正因为它是个**平庸的制度**(sistema delle mediocrita),所以不能将自己当作是绝对真理或者最终目的本身……它的决定性特征就是可以容许对自己本身的规则产生怀疑。**如果做不到这点,它就已经成为其他之物了**。"①游戏规则本身是可以修改的,这点无可置疑,任何一个优秀的民主支持者都不会不认同这一点。证据之一是:所有的民主制度都有修正自己的宪法准则的步骤,而且历史上也发生过这种修正。因此,并非所有的民主宪法的规则都相同(可以想一下总统制政府和议会制政府的区别)。实际上,有些规则是在这些宪法发展的第二或者第三阶段才被添加进去的,比如立法的合宪性,事实上直到现在还没有被普遍接

---

① 埃瑟·罗萨(A. Asor Rosa):《幸福与政治》(*La feliceta e la politica*), Laboratorio politica, n. 2, 1981, p. 31。

受。但认同了即使游戏规则本身也可以被修改的观点,并没有让我们在解决那个最困难的问题时有所推进:如果说所有的规则都可以被改变,而实践中又并非所有的规则都能够被改变,那么哪些能被改变,哪些又不能呢?引用一个平常的例子(平常,但是在这里绝不平庸):一个依照少数服从多数规则做出的决议可以改变这一规则吗?简单来讲,如果一个议会的多数人决定要废除议会制度——这在历史上的确发生过——然后对全社会有法律约束力的决策权被赋予一位领袖或者一个小的寡头集团,由此而来的制度难道仅仅因为是以民主的方式产生的就算得上是民主制吗?没错,如果一个民主制不准备对其自身的基本原则提出怀疑,"它就已经是其他之物了"。但是如果某些规则,比如多数决策制,都被质疑了,它不是变成了更明显的"其他之物"(un'altra cosa)了吗?所以,相比民主制度自我纠正的程度问题,难道没有一个更基本的问题吗?即有没有这个持续的纠正过程所不能越过的界限,如果有的话(对此我坚信不疑),界限是什么呢?

关于政治运作主旨和策略的讨论,之所以要提到游戏规则的问题,其中第二个原因在于,一方面是公认的现行政治游戏的规则,另一方面是政治角力的积极参与者主体以及他们可以使用的一些赢得胜利的手段,两者之间有着千丝万缕的联系。继续打比喻的话,游戏规则和参与者以及他们的行为之间有一个不可分的联系。更具体一点说,一个游戏实际上是由一套规则组成的,它规定了参与者是谁,他们可以有什么行为。结果是一旦游戏的规则体系建立,也就同时规定了谁能够成为参与者以及允许有什么样的行为。任何喜欢在比赛里不但要拳打并且脚踢对方的人都可以参赛,只要大家都意识到这是一场不太一样的比赛,是自由搏击而不是拳击赛(另外,除非想被人当作傻瓜,很难想象有人会发明并推广一种比赛,其中一个参赛者只准拳击别人,而另外一个只能脚踢对方——不过这种事情在政治辩论中是会发生的)。

在民主的政治游戏中——一个完全合法的民主体制,其合法性依赖于公众的赞同,并定期地通过在自由选举中实施普选来确认——规定了主要参与者是各个党派(在意大利政治体系里,这个甚至在宪法第四十九条里做出明确规定);也规定了国家大部分人参政的方式是通过选举。这是要么接受要么放弃的问题,你完全有权拒绝别人给你的东西,只要你清楚拒绝的后果就是跳窗而逃且有可能摔断脖子——这跟平静地走出门可不一样。总而言之,游戏的规则、参与者和他们的行为是一个不可分割的整体。博弈论对构成性规则和规范性规则做出区分:后者将自己限定在人类从事的与规则存在与否无关的活动,这些活动比如吃饭、做爱,或者在街上行走。而前者实际上引发了他们要约束的行为。一般而言,游戏规则是构成性的,因为棋手必须按照某种方式走棋,这个规则在棋类活动之外是不存在的。① 很多政治上的游戏规则同样也是构成性的:选举行为在制定和规范选举行为的法律之外是不存在的。不管有没有规范婚姻的民法行为标准,人们都会做爱;但只有存在选举法,他们才能参加投票。在这个意义上说,游戏规则、参与者还有他们的行为是互相依存的,后二者正因

---

① 关于民主体系中的宪法规则可参阅我撰写的《规范》(*Norma*),收入《埃伊那乌迪百科全书》(*Enciclopedia Einaudi*),Vol. IX, Torino, 1980, pp. 896–897。

为规则才存在。由此可见，接受规则的同时想要拒绝参与者以及建议不一样的行为是不可能的。当然也并非完全不可能，但要知道，这就意味着从窗户跳出去而不是从门走出去。向往一种有不同的参与者和行为模式的政治形式却没意识到这需要改变游戏规则，这是很荒谬或者说毫无意义的，因为规则规定并创造了参与者，并对他们的行为做出非常详尽的规定。无论接受与否，这是新左派可以采取的唯一的切实可行的阐明问题的方式，倘若这种方式还存在的话。

这些对规则、参与者及其行为之间紧密关系的思考让我们能够理解为何是1968年的学生运动（既然我们谈到新左派，就不可避免地要提及1968年）构成了真正的断裂。事实上，不仅出现了新的参与者（团体、小集团，大体上是"运动"），而非"参与者"这个词传统意义上指涉的政党，不仅仅发明了新型参政方式，比如利用集会、游行示威、街头暴动、占领公共建筑、冲击课堂和学术会议等，并且拒绝民主制度中的一些基本规则，从选举（废除了被轻蔑地称为"微型议会"的代表机构）和没有授权的代表开始，用直接民主原则和强制性授权取而代之。为什么这种激进的骤变只是产生了一系列危机而未能使意大利实现政治转型（而且很可能使之恶化）并不是这里能讨论的问题。其中一个原因肯定是提出的替代方案相对于现行的游戏规则太过无力，或者更准确地说，取代规范化的政治角力的唯一方法是强者执政，并由此将政治简化为力量的审判场，除此之外，缺少任何替代方案。

如今，意大利没有发生政治转型，而另一方面，虽然一个缓缓恶化的制度会伴有各种问题发生，广大的领土之内到处都泛滥着民主的敌人,其力量无可否认,但民主仍然守住了它的阵地,也是一个不可辩驳的事实。它的反抗是无力的,而且越来越无力,但是它还在抵抗着。我说它虽有欠缺也仍在抵抗,指的是它的推行者,这些传统政党仍然继续生存着,而且赢得了大部分公众舆论的支持,尽管也会听到一些诅咒、抱怨和牢骚。选举"仪式"仍然定期举行,事实上,随着政府更替的速度加快,选举的次数还增加了;除此之外,自从1974年开始,还有了公投。弃权的人数也增加了,但还没有到让人担忧的程度。更何况,对政治漠不关心从来不是民主制度危机的体现,而是政治积极健康的表现——当然,前提是如果对政治的漠不关心指的是善意的疏远而不是对制度的抵制。无论如何,如果政党能够在经常有人弃权不选举的政治制度里繁荣发展,他们也根本不会去在意人们是不是投票。相反,投票的人越少,他们的压力就越小。即使我们的政党也只是假装对日益增加的弃权率表示担忧。或者至少他们不是对弃权本身忧虑,因为这让他们日常的操纵更加随心所欲,而是担心弃权太多会有利于他们的反对者,或者更具体地说,害怕他们政党的可能支持者相较于反对者更会做出弃权的事。

另一方面,不妨回想一下当年形成的那些革命团体(当时它们挑战的不仅仅是政治角力的参与者及其参与方式,还有游戏规则本身,在这个意义上"革命"这个词用得非常恰当)。在没完没了的政治重组过程中,它们中又有多少历经解散、改革、再解散而幸存?有些人在某个阶段想要在政党之外追求政治理想,但又被迫组建一个新政党,比如"激进党",它虽然有很多革新的方面,但是和其他政党一样,仍然是个党派。然而一些议会体制之外的团体在这方面就没这么成功了。它们几乎是无可奈何地放低身段去组建了一些追随者寥寥无几、昙花一现的政党,与此同时,它们的某些创始成员、政客为了热情或事业发展的缘故宁愿去别的成熟党派谋位。这些新党派成绩平平的选举结果使人们更加渴望和幻想着另类政治,追寻通向政治讲坛的新道路。这些道路没能让它们走得很远,我在此章中强调新策略和给它们留下很小余地的体制运作逻辑之间的密切关系,这个事实更加突显了这一点。这个观点同样适用于工会组织,一个跟资本主义对抗性政治对应的既定体制的组成部分。这种体制,其自身有一些规定,比如罢工权和集体谈判权,如果不全盘改革很难被绕过或者代替。在这里,新左派也没能清晰地概括出一个替代性政治的大纲,除了工人阶级作为一个整体,并未形成什么新的组织形式,也没有呼吁建立新的组织结构,有的只是主张废除所有的组织,主张"自发的行动",这也是工人阶级左派的众多迷思之一。在社会主义体系里,工会失去了存在的理由,因为这些团体既不是资本主义的也不是对抗性的。波兰是一个独特的例子,事情如何进展难以预测。

提到工会,自然会引出一场关于民主制度里实现政治目标所沿用方式的讨论,即通过将某些特定利益集合起来,工会组织代表的就是这样的利益。但是当集结起来的利益所代表的是如同工人阶级这样的大类别时,它们的代表组织或组织们所拥有的政治影响力就比代表小类别利益的组织要大得多。当然,在如今的社会,我们几乎每天都不得不面对哪怕一个极小的团体都有可能造成很大的影响,如果这个团体有条件破坏国家生活的一个关键部门的话,比如交通。自然而然地,这些利益的集合体形成了一种在制度范围内间接施加政治影响力的方式。资本主义制度变革的倡导者不是党派而是工会的观点是革命工团主义（il sindacalismo rivoluzionario）的一个旧思想，新左派从来没有真正使其复苏过，在一个工会已经变成了体制规定的参与者，甚至在某种程度上被体制控制的历史背景下，他们也根本没有可能做到这一点。而且革命左派的各种不同流派都被列宁主义直接影响，这使得先锋党而非工会成了变革的力量（这种变革预先假设政权的夺取同样要由先锋党来完成）。

关于政治途径的话题在一个民主社会是不会枯竭的，如果我们考虑的不是那些跟经济并不具体相关，而是跟一些促进个性发展之类的条件相关的利益动员，这些利益可以概括为一个有用但隐晦的现代词——"生活质量"（qualita della vita）。在这里我所指的既包含一些社会运动，比如妇女运动、各种青年运动、同性恋解放运动，也包含一些公众舆论运动，旨在捍卫和推动一些根本权利，比如各种人权联盟、少数族裔语言保护联盟、少数民族保护组织等。例如"大赦国际"（Amnesty International），这个组织还在全世界范围内发起了一场废除死刑的运动。一个民主社会认可这些运动，且根据不同国家的实际情况，基于结社自由和言论自由的两大基本原则，在限制范围内默许它们。这两大原则被看作是一个民主制度良好运行的基本前提，尤其是作为定义民主的最基本规则，它规定除非集体决议的合法性最终来自定期举行的普选所达成的一致，否则没有法律约束力或不能实施。作为一个基于对由下而上的要求做出回应，并自由选择采纳哪种政策或者哪个代表团的制度，民主制度将代表们放在了一个形成自我诉求，并在经过必要的考虑和自由辩论后做出决定的位置。当然，无论是结社自由还是言论自由都不可能完全不受限制，任何自由都不该如此。在限度内朝向一个或另一个方向的移动决定了一个制度里人们享有民主的程度。当限度得到延伸的时候,民主会经历一些调整;当两种自由都受到压制的时候,民主也就不复存在了。

不言而喻地,即使社会运动或者大量舆论煽动了政治情绪,也不可能导致制度转型,这恰恰是因为制度允许它们存在,它们本身是游戏规则不可或缺的组成部分——只要制度还有能力在不完全根除它们的情况下控制或限制它们。意大利当下出现的区分合法和非法组织、可接受和不可接受意见的问题就是很典型的例子。但是能够把它们区分开来的一个基本标准,最终归结于对整个制度的保护,如前面所述,"制度"是包含了法则、参与者和行为规范的完整复合体。

我不确定自己的反思是否能在整体上被认为是合理与现实的,但我敢肯定的是,有些人会觉得这些想法让人气馁和幻灭。这些人面对着意大利公共生活的堕落——我们的大批职业政客每天上演着可耻的贪污、全然的无知、追名逐利、犬儒主义的奇观(虽然有些例外,但是不足以改变整体情况),他们认为体制内所允许的政治活动渠道不足以带来变革,更不用说从根本上转变它,极端的恶需要用极端的方法解决(当然也有些极端的方法只会让邪恶更甚,比如恐怖主义)。有这种思维的人深感制度规则之束缚,承受强烈的无力感,他们拒绝让自己只做一个被动的旁观者,试图克服这种感觉,而这其中又包含了多少希望的破灭。

作者本人属于三十多年前已经失去希望的一代人,那时战争刚刚结束,除了偶尔的瞬间,从未重拾希望,那些时刻稀有而短促,最终什么也没留下。它们大概十年会出现一次:"欺诈法令"(Legge Truffa)的废除(1953)①、中心－左翼联盟(Il centro-sinistra)的形成(1964)、共产党的兴起(1975)。这三个事件曾激发起诸多的乐观主义情感,如果我想要从中寻找出某种规律,第一个可以理解为民主制度内部倒退进程的结束,第二个则是执政党重新调整了立场,从与右派的联盟转为向左派靠拢,第三个预示着一个行之有效的替代性的左派。作为一个经历过多年愿望受挫的人,我已经学会了接受自己能力不足的事实。因为曾有半生时间(成长时期)都活在法西斯制度下,我更加愿意接受现状,我固执地相信——顺便说一下我的很多同时代的人也这么认为——即使一个糟糕的民主(我们是真糟糕),仍然是要强过一个好的专制制度(作为专制,墨索里尼的当然要强过希特勒的);没有外交政策总强过有侵略性的、穷兵黩武的、注定要彻底失败的外交政策;有十个争执不休的政党总好过只有一个政党整齐划一地团结在领袖完全正确的领导之下;有自由的公司制社会(la societa corporative)不像拘谨呆板的公司制国家(lo stato corporativo)那么让人难以忍受,诸如此类不胜枚举。但是我也完全认同这些论点并不受意大利年轻人的重视,他们不了解法西斯主义,只了解我们这个比平庸还要平庸的民主,所以不

---

① 1953年,由基督教民主党、社会民主党、共和党和自由党组成的意大利政党联盟,担心自己在选举中失利,在议院强行通过选举法改革,规定政党联盟只要获得半数以上的有效选票,就自动获得三分之二的议院大多数席位。这一法令被在野党和反对派批评为"欺诈法令"。但在当年的选举中,执政联盟的选票没能达到半数,该选举法令亦在1954年被废除。

能像我们一样愿意接受这种"两害相权取其轻"的观点。正好相反,这代年轻人经历了1968年的事件,虽然失败了,但它如此激动人心,从那以后他们再也不甘心接受"联欢会"已然结束的现实,尤其每天面对的不仅是平淡乏味,甚至可以遗憾地说,是很悲剧化的现实。这样一个振奋人心的时期如何演变至令人失望的结局,也许是可以解释的:表面上看,它是影响面涉及一些大城市里的大学、学校和工厂的重要运动,但它到底有多深入,在整个国家其他地方,它的影响又如何,在真实的社会里,并没有报纸头条对此给予报道,那么在深层面上,到底发生了哪些看不见的变化呢?在一个"沉默的大多数"的社会里,谁在若无其事地继续为基督教民主党(la democrazia cristiana)投票?谁在1975年和1976年时给社会主义者多投了几票,然后部分地撤回了选票?谁又把大部分的业余时间花在了讨论足球联赛或者阅读漫画或杂志上?发生变化了吗?还是跟原来一样?如果说它在慢慢变化,真的是因为社会整体在以我们察觉不到的速度变化吗?还是因为几个头脑发热的年轻人被真挚的正义感激发,举起了反对社会不平等、压迫、消费主义和特权主义的斗争旗帜,想借此让权贵们增加一些想象力而非麻木?

我意识到,关于"两害相权取其轻"的论点不怎么让人觉得安慰。同样的,社会变革大多非常缓慢,几乎让人感觉不到,因而耐心等待是很重要的,这样的观点也难以振奋人心。第二个观点不能抚慰年轻人是因为他们对当前的形势无能为力,与之相比,学生运动爆发的那些年现在看起来还是繁荣进步的时代,政治和人的关系还不错(在意大利,我们政治制度的退化要追溯到1969年米兰喷泉广场发生的右翼恐怖主义暴行①）。但这可以解释为什么无力感催生了所谓的政治上的"退潮"（reflusso）。

需要指出的是，"退潮"一词已经变成囊括各种不同情况的容器。② 对这些现象进行分疏概括并非无用功，同时这似乎是唯一可以考察这种趋势能否被扭转的办法。对退潮现象学展开探究需在普遍现象里区分出性质不同、需要不同治疗方法的元素（把它们设想成需要医治的疾病一样）。我能区分出其中的三种，因为想不到更好的叫法，我把它们称作：远离政治（il distacco dalla politica）、放弃政治（la rinuncia alla politica）、拒绝政治（il rifiuto della politica）。

第一种用一句格言来概括最合适不过："政治并非一切"。这个表达跟"政治无处不在"的理念完全相反，20世纪60年代学生运动时代理论和实践的主要主题之一便是政治无处不在。说到底，我不认为新的理念（实际上也很老了）有什么退步的，更谈不上反动或者愤世嫉俗。个人生活的大规模政治化是一条通向完全国家和被达伦多夫（Dahrendorf）称作完全公民的道路，在那种情况下，城邦大于一切而个人什么都不是。我们直接继承着这样一个历史传统：国家并非一切，在每个年代总是存在着跟国家并存的，以宗教团体的形式与政治团体区分开来的"非国家"，或者

---

① 1969年12月，意大利米兰喷泉广场发生由右翼恐怖组织策划的爆炸事件，十多人丧生，八九十人受伤。尽管当局为此案进行了各种调查和审判，却没有得出任何令人信服的结论。

② 艾尔巴尼（F. Erbani）：《退潮的模糊性》（*Le ambiguita del "reflusso"*），Nord e Sud, XXVIII, 1981, pp. 23-33。

与"行动的生活"(vita activa)相对照的"沉思的生活"(vita contemplativa),即使从局限在家庭单位内的以及当地市场里的经济关系这个意义上讲,这些也都和国家纯粹的支配关系这种特点截然不同。只有在例外的迅速且深刻的变革时期,政治活动才能吸收所有的能量变得高高在上、独一无二。在这种时期,公共和个人的界限消失了,闲暇娱乐的想法是被禁止的。但是这些时期都很短暂,正如我们这一代经历过的反法西斯运动(在运动结束的时候,很多人都回到了他们正常的工作中,工作的念头在他们脑子里被打断过但从来没有消失过)。当政治行动回到它该去的地方,在那里盛行着对权力的渴望,同时也需要狮子和狐狸般的能力,普通的公民则可以逃避到私人生活里,现在也被称为一个躲避历史风暴的港湾。哲学家这样描写这些时期:"面临这场骚乱,我既不笑,也不哭,而是进行哲学思考,更切近地观察一下人类的本性……但现在我要让每一个人都按照他们自己的想法生活。只要允许我为真理而生,那么谁如果愿意的话,就让他们为了他们的幸福而死去。"①伊壁鸠鲁派学者们在希腊城邦危机时倡导退出政治生活,自由思想家在宗教战争激烈的时候也主张这样做。最近的几年见证了对精神生活予以至高无上推崇的复苏,或者说对道德信念高于简单政治的推崇,狂热程度在我们的文化里几十年都没有出现过了。这种趋势在苏联异见者中间可以看到,比如索尔仁尼琴(Solzhenitsyn)或季诺维也夫(Zinoviev)(举两个文化背景迥异的作家)。历经几个世纪,"恺撒的事情给恺撒,上帝的

---

① 斯宾诺莎(B. Spinoza):《书信集》(*Epistole*),XXX。(中译参见洪汉鼎译:《斯宾诺莎书信集》,北京:商务印书馆,1993,第137-138页。——译注)

事情给上帝,让他们各司其职"的训诫一直都还保持不变。不能够把两个领域区分开来,而将精力全部集中在其中一个领域,是狂热分子的标志(只有在极个别情况下是天才的标志)。与之相反,普通老百姓大部分情况下生活在政治占据的范围之外,政治有时候会挤进来,但是从来不能完全占领。当这片区域被占领的时候,也就标志着个人已经被降到了汽车发动机齿轮的地位,却不知道司机是谁,车要开往什么方向。

第二种"放弃政治"的态度,也可以用另外一条格言来概括:"政治并非适合每个人。"①两种态度的区别显而易见,不需要特别解释。第一个是关于政治活动的范围,第二个是关于人们被号召参与政治的程度。可以想象一种政治无所不在但不需要每个人都参与的情形,比如权极主义国家,或者另外一个极端,政治并非最为重要的但却要每个人都参与,对应的是一个民主化的自由主义国家。在两种极端之间,有一种情形,政治并不是最重要的,也不适于所有的人,过去的寡头政治国家就是这种情况的例子(在现代民主社会里也有,只是用一个化名伪装起来了)。最后,是这种政治高于一切,每个人都必须参与的情形,对此只能假设一个没有被实现过而且也不太可能实现(很遗憾要这么说)的模型,也就是卢梭在其《社会契约论》里设想的共和国(除了新马克思列宁主义的狭隘派别或老斯大林主义,这可以说或多或少跟1968年意大利学生运动想要实现的制度最为接近)。

---

① 这一概括出自桑提(P. Santi):《政治并非一切》(*No tutto è politica*),Milano:Spirali edizioni,1981,p. 91。

这两条格言都可以理解为是对事实的简单陈述,即我们都能心平气和地去认同的对社会的观察,如同中立的旁观者一样没有偏私。但是这也可以被看作是提出了一个行动纲领或者必要的改革方案,就好像有人在说,的确所有的事情都是有关政治的,但是如果不这样会更好,或者说政治如今是人人参与的,但是更可取的做法是不用每个人都涉足跟他们无关或者他们不具备专业知识的事务。所以,大体而言,"政治并非一切"的陈述可以被理解为有下面两层不同的含义:(a)历史证明,政治活动只是人类基本活动的其中之一;(b)在一个先进的社会里,政治应该不侵入人类生活的全部。同样的,"政治并不适于每一个人"也可以意味着:(a) 积极参政从来都仅仅是一小部分人的事务,即使在所谓的民主社会里,这也是一个无可争议的事实;(b)在一个先进的社会里是有劳动分工的,公民中的大部分可以被解除日常参与公共事务的义务。如果把第二条格言看作是事实描述的话,在过去,至少曾经出现过两种重要的类似说法:一种是保守的精英论,一种是革命性的先锋党的理论。即使不考虑种种理论,其中大多充满了意识形态上的假设(而且,如果帕累托在的话会说,是伪科学的理论,或者仅仅是推导出来的),走在街上的男女也没法不注意到在"政府大楼"(palazzo)里少数的一些人可以进入那些标着"私室"的房间,或者被邀请去参加宴会,而其他人,如果幸运的话,可以站在附近围观。事实上,关于"政府大楼"的方方面面结果证明都是部分隐形的,如同童话里的城堡一样。而另一方面,如果从正面来理解这条格言,即把它理解为一种行为模式的建议,这种模式是对大众、平民或者说乌合之众的蔑视态度的典型表达,寡头政治集团只要存在就向来如此。如今在技术官僚的世界里也是如此,对他们而言,人们不再二分为聪明的和愚蠢的,而是有能力的和没能力的(将人们区分开的不再是有没有智慧,而是有没有科学知识)。与一刀切的宣判相反,这些格言是典型的民主信条,信仰民众参与,与等级制度相比推崇和欢迎自下而上的权力,同他律相比相信自治,坚信每个人都是他的利益的最好的评判人,拒绝任何形式的被代表的权威。

第三种被我称作拒绝政治,它比前两种态度更特别些,而且或许因为它的激进性,最能体现"退潮"现象的特点。我说过前两个也可以解读为是对事实的描述,然而第三个却始终暗示着对政治的价值判断。为了完成这个快速的分类学调查,要对第三种态度也做什么区分的话,需要将原始和高级两种批判政治的方式区分出来。第一种,多半是自我中心、本位主义和物质至上,这正源于对政治漠不关心的小资产阶级(qulunquisimo piccolo-borghese),和"聪明人只关注自己的事"的原则一致,然后如果有人参与政治,也只能是出于个人目的。所以,没有什么理想可谈,四处散播的理想言论全是谎言。只有牵扯到既得利益时人们才会做事,其中的变化尺度全凭人们的处境和野心;所以每个人只关注自身利益,保护它们不受所谓的公共利益影响,而实际上公共利益多半是一小部分人的私利。另外一种态度,基于宗教道德,一直以来是西方哲学传统的一股暗流,是那些在政治里只能看到"恶魔般的权力面孔"(远比骗子面孔更可悲,区别于那些愤世嫉俗的、对政治漠不关心的人)之人的典型心态,他认为政治是一个被权力欲望完全主导的领域,也就是服务于最强者的那部分人的利益。在这里,唯一被认可的解决冲突的方式就是暴力,判定对错的唯一审判台只有历史,因为得到支持向来是胜利者的权利。赢得权力是唯一利害攸关之事,理想只是招揽那些轻信的民众的手段,一旦获得权力,理想就会一步步遭到背叛。或许这两种态度中的第一种太缺乏远见,而第二种又错在眼光过于长远。第一种态度引发了一个社会的概念,这种社会只有在国家机构退化到最小规模时才能存活下来,它唯一关心的就是要确保每个人都可以尽可能地在最大程度上追求自己的私利。第二种导致了一种学者型社会的理想,圣人或哲学家共和国,一个变成了教堂的国家,高深的人当政,在这样的社会里,自愿遵守的道德法则完全取代了靠暴力强施的法律。如果你愿意可以把这两个理想都称作乌托邦,但它们如此真实地反映了人们经常萦绕心头的想法,我们不能不认真地对待,哪怕仅仅是因为它们反映了一种对政治现实的永远的不满。这种不满,随着我们情绪和处境的不同,不时地在我们每个人身上涌现出来。

当然,这种对退潮的现象学分析可以解释很多问题,也会使得它比某些人认为的更好理解一些,这些人曾经在人生的某个短暂的时期,真诚地对政治全身心投入。但是它没有给那些并不针对普遍意义上的政治,而是针对**我们当下的政治**(questa nostra politica)采取了远离、放弃或拒绝态度的人提供出路。他们认为在政治行动的传统道路(与之相关的上述几种观点可以说是真实的)之上,有另外一种形式的政治,它超越了政治的消极方面,当政治被看作是并不以私利,而是以促进共同利益为导向,如同亚里士多德说的,不仅是为了生活还是为了生活得更好的活动的时候,就获得了积极意义。

但这些出路在哪里呢？在发给我们填写的问卷调查里①，在结尾的地方有一些新的"政治实践"模式的暗示，比如公民不服从权、自决权和否决权。为了使它们听起来更令人印象深刻，它们被称作"权利"，实际上也确实有"公民不服从的权利""自决的权利""否决的权利"的说法。但是我们果真是在谈权利吗？严格来讲，只有在谈到自决的时候才有可能说到权利，即如果依据宪法第十八条，把它理解为某种形式的结社权的话。然而，结社权可以引起一些波澜，但是却不能掀起轩然大波。至于说公民不服从的权利，这根本就是不存在的。真实情况恰恰相反，宪法第五十四条规定了与之相反的义务，即"遵守宪法和法律"。如果在字面意义上把行使否决权理解为一票反对一项动议来阻止一个集体决议的权利，这个权利也是不存在的，因为民主制度下占统治地位的原则是多数决策而并非一致通过。② 这并非否认公民不服从和否决权在特定情况下可以被用来行使事实权利。比如，就公民不服从而言，举例说，有种可能的情形是当政府颁布了命令，或者具体说是一项议会法律之后，拒绝遵守的人数多到难以实施镇压。至于否决权，有可能碰巧某一个选票或者某一个团体的选票对于形成多数票起决定作用，意大利基督教民主党派在和小党派

---

① 本章节的撰写源自由路易吉·曼考尼（Luigi Manconi）发起的关于新左派、普遍意义上的传统政党及社会运动的问卷调查，其实践理念集中在要求公民不服从权、自决以及否决的权利。

② 关于这个话题，我做过一些探讨，参见博比奥：《多数派的准则》（*La regola di maggioranza*），收入博比奥、奥夫瑞（C. Offre）和伦巴蒂尼（S. Lombardini）：《民主、多数派与少数派》（*Democrazia, maggioranza e minoranze*），Bologna：Il Mulino，1981，pp. 33 -72。

的联盟过程中每天都在上演类似的事情,需要将相对多数转化为绝对多数来掌握权力平衡。① 正因为牵涉实际权力,这些手段策略需要有极端的暴力或者极其特殊的有利条件才能生效。它们不像权利那样,只要认为被违反了就可以援引。将它们说成权利会产生误导,因为这暗示了它们跟其他权利一样,是被确保的;而它们恰恰不是,对此坚信的人就有被关进监狱的危险。它不仅有误导性,而且很危险,因为它会将正在进行的政治斗争中不可缺少的力量,分散到错误的或不切实际的解决方式上去。法律关系无疑会随着权力关系的调整有所改变,正因为如此,我们必须要意识到我们正在处理的是政治关系,而并非诉诸一个被确保的权利。想要改变权力平衡,就像德拉帕利瑟先生(Signor de La Palisse)说的,必须要有必要的力量。我不想讨论必要的力量是否存在,虽然就个人而言我有点怀疑。我只是说,将一系列的事件或者想要某些事情发生的愿望与权利混淆起来是错误的。

概括来说,我前面已经提到,在游戏规则允许的范围内,可能的路线也就是现在的样子,能采取的步骤也可以预见,几乎是先期决定了的。而且,哪怕我们假设违反游戏规则是容易的(我们所看到的并非如此),我认为这也不是理想的,因为一旦规则里最根本的关于定期选举的原则被打破了,没人知道它将带来什么后

---

① 关于公民不服从及否决权的进一步思考,可参见我的文章《反抗压迫,在今天》(*La resistenza all'oppressione, oggi*),收入 Stuti Sassaresi,1973,pp. 15 - 31;以及《政治词典》(*Dizionario di politica*)中的"公民不服从"词条,Torino:Utet,1983,pp. 338 -342。(中译参见沙志利译,赵文校:《权利的时代》,第三部分,西安:西北大学出版社,2016,第 153 -173 页。——译注)

果。我个人认为这会带来灾难。这里并非想要老调重弹:最初催生工人阶级运动的是一个想法,认为民主是个资产阶级制度,有必要用另外一种政治制度取代它。慢慢地,这场运动不仅取得了代议制民主,还通过普选制度实际上对此加以巩固。在可以预见的未来,我在这个代表制民主里,除了左派提出的方案(并非共产主义者所指的模糊的"民主的替代方案"),再也看不到我们这个国家的其他出路。除此之外的方案不是空中楼阁就是为煽动而煽动,无论短期还是长期都只会招致更大的挫折。但是,即使这一点成果也充满了不确定,想要寻求更多,就会有更多注定要落空的期待在路上守候。

第四章
民主与无形的权力

La democrazia e il potere invisibile

我在几年前发表了关于民主的"悖论"的一些思考,在那些日益要求民主扩张的社会中、在任何试图寻求民主原则正确运用的过程中,这些都是必然会遇到的客观困难。① 有些人将民主理解为理想的良性政府(从这个词的古典意义上来说,即在实现共同利益这一点上,比其他任何一个政府都要成功),对他们来说,那些不断引起争论的其他话题涉及的是所谓民主的"失败"。以民主为题的多数文章归根结底是谴责,对这些失败的谴责,它们在语气上时而黯然神伤,时而得意扬扬。现在精英主义的经典问题也落到了这个标题下,如同那个更经典的问题——形式和实质民主之间的鸿沟——一样。最近几年来,关于社会"治理失效"的争论已经浮出水面,也可以被归入这一范畴。不过,这里存在一个问题,我觉得政治评论家们还未能给予其应有的关注,那就是"无形的权力"(potere invisibile)的问题。下文就是对于这个未曾开辟的领域所做的一次初步尝试。

公共权力的公开统治

谈起民主,有一种陈词滥调,在从古至今的所有辩论中都能

---

① 博比奥:《什么是社会主义?》(*Quale socialism?*), Torino: Einaudi, 1976, pp. 45 sgg。

听到,即断言民主是"有形的权力"所操控的"公开政府"。几乎每一天,我们都能听到类似的老话,说什么"民主在本质上","没有任何可被归结为神秘的范畴"①。凭借着这样的文字游戏,我们便可以将民主统治定义为公开的公共权力的统治。这是一个明显的双关语,因为"公共/公开(pubblico)"一词含有两层含义,取决于它是被用作"私人(privato)"的反义词,如同古罗马的法理学家遗留给我们的那个关于区分"公法与私法(*ius publicum e ius privatum*)"的经典问题,还是被用作"秘密(segreto)"的反义词,在这种情况下,它的含义并不附属于"公法(*ius publicum*)"亦即"公共事务"或国家,而是表示"清晰""明朗",亦即"可见/有形"的意思。正因为这两层含义相互之间并没有重叠,所以一件公开展示的事很有可能是个人的私事,而一所私立学校(意思是它不属于国家开办的)也不能避免其行为受到公众的监督。这样一来,鉴于私法和公法之间的区别,由一家之主行使权力的私有性质,作为那个角色所做的诸多行为,便可丝毫不受公众问责的干涉。同样,专制统治者挥动手中的权力,其中的所有秘密也丝毫不能改变一个事实——他所拥有的权力具有公共性。

作为一种政治体系,基于有形权力的民主观念能够立即唤起我们心目中的一个印象,在所有的时代中,政治作家都传达给我们这样一类印象。他们援引许多杰出的例子,诸如伯里克利(Pericles)的雅典,以及那里的集会(agora)、市民议会(ecclesia)等,换句话说,也就是所有的市民在一处公共场合集会、提出和采

---

① 在鲁莱迪(R. Ruletti)的文章《朝向真理的缓慢进程》(*Il lento cammino verso la verita*),收入《人文》(*L'umanita*),1980年3月13日,第1页。

纳建议,抨击不正当的行为,发表谴责控诉,听取演说家阐述或赞成或反对的论据,通过举手表决或使用碎陶片投票的方式做出决议。格罗茨(Glotz)写道,当市民们都聚集起来时,传令官充满威严地诅咒那个也许是妄图欺骗人民的罪人,从而使煽动者没有机会用花言巧语来蛊惑人心,集会得以始终处在上帝之眼(lo "sguardo" del Dio)的庇护下(注意,这里参考了"看见"的行为)。官员都要长期接受连续的监督,并且"每年九次,在每个公共会堂(pritania),他们都有义务接受权力的更新,通过举手表决的方式举行信任投票,如果他们不能保证做到这一点,将会自动被传唤到法庭上去面对审判"[1]。这种集会经常被拿来与剧院或体育场相比,也就是说,确实有观众观看的公开展示,这些观众被召唤来见证这里上演的一系列行为,依照事先约定的规则,最终要以某种判定作结。在柏拉图的《法律篇》中有这么一段,当他谈到人们都要受法律制约时,引用了尊重音乐法则的例子,他讲述"酒神式的狂欢"(un entusiasmo da baccanti)席卷了诗人们,而拜这所赐,各种音乐风格之间如何逐渐出现一种可悲可叹的混乱状态,如何逐渐在普通人当中生成对于音乐法则的忽视,结果造成"我们那些一度沉寂的观众发现了一种声音,说服他们相信自己能够区分艺术中的精华与糟粕;于是在音乐方面贵族政体被我们现在拥有的糟糕的剧场政体所取代"[2]。接下来,他继而立刻将"剧场政体"

---

[1] 格罗茨(G. Glotz):《希腊城市》(*La citta greca*),Torino:Einaudi,1948,p.202。

[2] 柏拉图:《法律篇》(*Le Leggi*),701a(意大利版本由 Cassara 翻译,Bari:Laterza,1921,Vol. I,p.102)。[根据博比奥引用的意大利原文译出,中译参见

(teatrocrazia)这个新杜撰出来的词重新定义为"音乐方面的民主",并解释其来自普通人的要求,他们想要有资格谈论一切,而不再承认法则的存在。柏拉图是一位反民主的作家,他将全民统治等同于剧场中的公众统治(以及由此产生的公众统治与精英统治的区分),这使他又有机会表达自己对于民主的谴责,他将之解释为得到许可的无法无天的统治。但是,就古希腊城邦的民众(demos)与剧场观众的比照而言,它本身所拥有的内涵远远超出了柏拉图对其所做的价值判断。①

张智仁、何勤华译的《法律篇》:"后来,随着时间的推移,作家们开始采用一种打破这些规则和提供好的鉴赏力的样式。他们都是艺术天才,但他们却不知道缪斯制定的正确和合法的标准。他们被疯狂而无度的贪求欢乐的欲望紧紧抓住……"(第103页),"观众们在一度沉默之后开始饶舌了。他们声言懂得了音乐的好坏。于是一种邪恶的'剧场政府'兴起,取代了'音乐贤人政体'。"(第104页),上海:上海人民出版社,2001。该中译本将 teatrocrazia 译作"剧场政府"。——译注]

① 尼采在《瓦格纳事件》中所用的术语"剧场政体"显然来自柏拉图,即使他所说的"剧场"概念更作为一个场所而非强调观众的聚集。他在文中批评拜罗伊特运动(il movimento di Bayreuth)纵容了"外行人和对艺术一无所知者的放肆",导致"这些人组织协会,妄图将他们的品位强加于人,并充当音乐和音乐家事务(rebus musicis et musicantibus)的裁判"(这个短语显然出自柏拉图)。他随后宣称他们引发了"剧场政治",并定义它是"以剧场为首,将之凌驾于人文、艺术之上的古怪主张"(著作集由 G. Colli 与 M. Montinari 编辑,Milano:Adelphi,1970,vol. VI,tomo III,p. 39)。[中译参见孙周兴译:《瓦格纳事件 尼采反对瓦格纳》:"瓦格纳的活动到底把谁置于显赫地位上了? 这种活动越来越多地助长了什么呢? ——首先,是外行,艺术白痴的狂妄,这种人现在组织起协会,想要贯彻自己的趣味,甚至想在音乐和音乐事务方面充当

众所周知,在法国大革命那个时代,古典民主的概念拥有巨大的感召力。在这种情况下,无论其在实际现实中是否曾效法某个模式,抑或是在几个世纪的进程当中,它是否只是变为一种规范性的理想,都已无关紧要。事实是,在此期间民主统治持续存在,而每当危机出现或对**新秩序**(*novus ordo*)——即在公众中行使公众统治的理想模型——的预期到达紧要关头,它会表现得更具张力。在革命时期产生的无数作品当中,我想引用具有代表性的一段话,出自米歇尔·纳塔莱(Michele Natale,维科地区的主教,于1799年8月20日在那不勒斯被处死)的《共和党人的教理问答》(*Catechismo repubblicano*):

> 民主政府是否不存在任何秘密呢?执政者的一切活动必须为至高无上的人民所知晓,除非是出于公共安全方面考虑的某些举措,但是也必须在危险解除后的第一时间里将详情公之于众。①

裁判。"(第50、51页),该中译本将 teatrocrazia 译作"戏剧统治","戏剧统治(Theatrokratie)——荒唐地相信戏剧的优先地位,相信戏剧对于各种艺术、对于一般艺术的统治权"(第51页),北京:商务印书馆,2011。——译注]

① 纳塔莱:*Catechismo reppublicano per l'istruzione del popolo e la rovina de'tiranni*,收入最近由 G. Acocella 编辑的版本(Vico Equense,1978),p.71。另一个奇怪的评论出自 M. Joly,*Dialogue aux enfers entre Machiavel et Montesquieu ou la politique de Machiavel au XIXe siècle par un contemporain*("chez tous les libraries",Brussels,1868),第25页:"但因为公开是自由国家的根基,所有这些制度如果运行不透明,就难以长久维持"。

这段引言极具代表性，因为它用寥寥数语将宪政国家的基本原则之一清晰地表述出来：公开（其最初的意义是开放给公众监督）是规定，而保密只是例外，并且即使保密被证明是正当的，这个例外也不应该违反规定，就像其他所有的例外措施（如古罗马独裁者可能采取的那些）一样，即便它只是在一段限定的时期内生效①。

一直以来这段话都被认为是民主制度的基本原则之一，所有的决策，以及一般来说，所有当权者的活动，必须为至高无上的人民所知晓，主权在民即为直接民选的政府，或人民掌控的政府（而假如它始终处于保密状态，怎么可能被控制）。即便随着拥有大面积领土的现代化国家（领土狭小的国家也早已不再是一个城邦了）的出现，直接民主的理想被认为不合时宜而遭抛弃，取而代之的是代议制民主的理想，而其原则都已经在麦迪逊（Madison）写给他的批评者的信中阐述得相当清楚了②，这封信作为辩论的一部分，其主题恰恰是古典民主，尽管如此，权力的公开性——可以

---

① 例外措施的临时性质是罗马独裁形式的决定性特征之一，卡尔·施米特称之为委任（commissaria）独裁，区别于"主权"（sovrana）独裁。参见 Die Diktatur（Munich：Duncker and Humboldt，1921），第一章。例外状态下的权力集中因其短时效而正当化，当独裁时刻成为永久，独裁就转变为暴政。通过对执行时段设限，罗马独裁成为违规的例外状态得到正当化的典型例子。说它典型是因为在某种意义上，只要对时段严格地加以限制，任何例外措施虽然搁置了法规的实行，但并未取消法规本身，也就因此捍卫了作为整体的体制。

② 尤其参见1787年11月23日第10号邮件，Max Beloff（ed.），Il Feralista，Pisa：Nistri-Lischi，1955，pp. 56 sgg.

理解为非秘密的,对"公众"开放的——仍然是将宪政国家与极权主义的邦国区分开来的基本标准之一,如此一来表明了公权力在民众之中的诞生(或者说重生)。在《宪法学说》(Verfassungslehre)当中有这么一段,卡尔·施米特(Carl Schmitt)将代表性和权力"公开性"之间的紧密联系表述得相当出色,即使他是无意间在某个大不相同的情况下提出的,并且进而将代表性置于"表现"的字面意义之上,即使之呈现或可见,其相反的意义可表述为隐藏。至少有这么两段有必要在此引用:

> 代表行为只能发生在公共领域内。从来没有在秘密的、私下的条件下发生的代表行为,代表不是"私人事务"……议会若具备代表的品质,就必须让人相信,它的真正活动是在公共领域里进行的。秘密会议、秘密协定和某个委员会的协商也许很有意义,也十分重要,但它们绝不具有代表的品质。①

另一段就更为明确地指出了它在这个问题上的意义:

> 代表意味着通过公开现身的存在使一种不可见的存在变得可见,让人重新想起它。这个概念的辩证法在于,它预设了不可见的东西的缺席,但与此同时又使它

---

① 卡尔·施米特(C. Schmit):*Verfassungslehre*,Muchen-Leipzig:Duncker & Humblot,1928,p. 208。(中译参见刘小枫编,刘锋译:《宪法学说》,上海:上海人民出版社,2016,第 276 页。——译注)

在场了。①

除了代表性的问题,还有另一个相关但有所区别的问题已发展为民主理论的一部分,同时它与无形权力的问题也有着紧密的联系:权力的分散,意指相对于权力的中心,外围政治相关性的重新评估。当地政府的理想可以被解释为这样一种原则启发下的理想,越是在实体上接近权力,越显而易见。实际上其可见度并不单纯依赖于这个事实,即权力的被授予者公开呈现自我,还取决于统治者和被统治者之间在空间上的接近。即使大众传媒缩短了被选举人或候选人与选民之间的距离,国民议会的公布终究是间接的,大多是通过媒体、出版议会记录、法律以及其他《政府公报》展开。在地方当局,政府的信息公布更为直接,其原因在于管理人员和他们的决议更易接近公众。或者至少可作为一项论据,被一再用来为地方政府辩护,表明他们对权力中心的规模及其增值做出了限制,他们为民众提供了更多的可能性,来亲自监督与自己利益相关的事件,同时尽可能不让无形权力有任何存在的空间。

几年前,在一本广为人知并受到热议的书中,哈贝马斯(Habermas)通过揭示他所谓的"公共的私人领域"(la sfera private del pubblico)的逐渐出现,追溯了现代国家转型的历史。他通过这一点想要表达的意思是,私人领域及所谓的公共舆论领域的社

---

① 同上,第209页。J. Frreud 在他的 L'essence du politique(Paris:Sirey,1965,p.329)中关注了施米特思想中的这一面向。(中译参见刘小枫,刘锋译:《宪法学说》,上海:上海人民出版社,2016,第278页。——译注)

会关联在不断增长,人们主张有讨论和批评政府部门行为的权利,从而要求辩论的公开,司法辩论丝毫不亚于严格的政治辩论,因为它不能不这么做。① 毋庸赘言,公共舆论的关联度(限于涉及公共行为的舆论这一层面,即为公共政治权力所应得的卓越行使,亦即由国家的最高决策机构行使的公共事务方面的权力)取决于掌握最高权力者的行为在多大程度上能够为公众所监督,这也就意味着,它们能在多大程度上可见、可确定、可接触,从而可负责任。在这一层含义上去理解,"公开"(la pubbliticita)是一个典型的启蒙概念,它完美地呈现了那些人所战斗的前沿,他们自认受到感召去战胜黑暗之境。无论它延伸至何种领域,光与启蒙的隐喻恰如其分地表达了有形权力和无形权力之间的对照。② 在《革命的太阳神话》(mito solare della rivoluzione)的某个段落中,斯塔

---

① 哈贝马斯,*Strukturwandel der öffentlichkeit*, Neuwied: Luchterhand, 1962(意大利译本,*Storia e critica dell'opinione pubblica*, Bari: Laterza, 1971)。对我来说,该书的中心思想存在问题,因为它在整个的历史分析中并未对两种意义上的"公"(公共/公开)做出区分,例如,一方面"涉及国家的范畴,关于公共事务(res publica)",这是拉丁术语公法(publicum)的最初含义,在私法(ius privatum)与公法(ius publicum)之间的古典差异是永远存在的;另一方面则是"展现",这里是作为与"秘密"相对应的术语"公开"(öffentlich)。

② 这并不能阻止启蒙运动求助于秘密社团,这在推翻专制主义时是必不可少的手段。科赛莱克(R. Koselleck)对这一话题有深入研究(*Critica illuministica e crisi della societa borhgese*, Bologna: Il Mulino, 1972)。与秘密权力的斗争需要秘密进行,因此科赛莱克说:"智者的秘诀是破除对'秘密'偶像崇拜式的神秘感。""何为秘密社团?"他们的西德冠军 Bode 问。"答案很简单:就是玩牌时,当我们的对手隐藏起他们的伎俩,而我们却不能将牌靠近胸,那一定会趋于疯狂。"(p. 108)

罗宾斯基(Starobinski)提醒读者记住一位热情的法国大革命支持者费希特(Fichete)，他曾将"古代蒙昧主义的末年"追溯至赫利奥波利斯(Heliopolis)，他也有"要求欧洲的君主归还至今还在受压制的思想自由(1793)"①的言论。

有一位思想家，对于澄清公共舆论和权力公开之间的相互关系做出了远超他人的贡献，这个人就是康德。只要谈及关于权力可见的必要性，他就是当之无愧的奠基人，这种必要性对他来说不仅是政治上，同时也是道德上的要求。在他有关启蒙的著作中，康德坚定地认为，他主张的是"一切事物当中最没有害处的那个东西就可以称作自由，亦即在所有问题上都公开利用一个人的理性的自由"。他遵循这一主张论述道："理性的公共使用必须一直是自由的，只有这种使用能够给人类带来启蒙"，在这里"理性的公共使用"即意味着"任何人作为一个学者在整个阅读世界的公众面前对理性的运用"。众所周知，这段论述伴有对腓特烈大帝(Federico II)的一段颂词，因为他鼓励宗教和思想上的自由，后者被理解为对康德"运用自己的理性"，以及"自由地、公开地把自己在某个地方与既定的教义相偏离的判断和见识提出来供世人审视"②的认可。当然，理性的公开运用，是主权行为公开化的必

---

① 斯塔罗宾斯基(J. Starobinski)：*Les emblèms de la raison*, Paris：Flammarion, 1979, p. 34。

② 康德：《什么是启蒙》，收入 *Scritti politici e di filosofia della storia e del diritto*, Torino：Utet, 1956, pp. 143, 148。（参见詹姆斯·施密特英译：《对这个问题的一个回答：什么是启蒙》；詹姆斯·施密特编，徐向东、卢华萍译：《启蒙运动与现代性》，上海：上海人民出版社，2005，第62、65页。——译注）

要条件。康德的思想在这一点上非常明确,应当受到更多关注,这不单是就它在当下的话题性而言,甚至可以说迄今为止康德最具洞察力的批评也在于此。他所著的《永久和平论》的第二段附录,题为《根据公共权利的先验概念论政治与道德的一致性》,康德将"公共权利的先验概念"理解为如下原则:"凡是关系到别人权利的行为而其准则与公共性不能一致,都是不正义的"①。这一原则是何含义?一般来说,一个不会轻易被宣传所影响的信条,如果一直以来都被公众所熟知,就可以被理解为是这样的信条,它会引发一种公众反应,但人们不会把它付诸行动。通过两个有关国内权利和国际权利的启发性案例,较之其他的论述,康德对于这一原则的运用更好地说明了这个问题。关于国内权利,他引证了反叛权利的例子,而关于国际权利,他引证了国家主权违反与其他主权所签订公约的权利。他的理由如下:在他给出的第一个例子中,"因此反叛的不义就由于如下这一点可以了然,即这条准则本身正由于人们公开加以拥护就使得它自己的目标成为不可能。因此人们就有必要隐瞒它",实际上,就在接受"臣服契约"的同时,哪有公民会公开宣称他们保留不遵守的权利?而假如一项公约承认签署它的人有权违反它,那么这样的公约还有什么价值?同样,要引证他的第二个例子,假如就在与其他国家商定一份条约的某个条款时,协商国其中一方公开宣称,它不认为自己应该承担该协议产生的相应义务,这种情况下会发生什么?康德回答道:"那么十分自然地其他每一个国家就会或者是躲避它或

---

① 同上,第328页。(中译参见何兆武译:《永久和平论》,上海:上海人民出版社,2005,第57、58页。——译注)

者是和别的国家联合起来抵制它的专横跋扈。这就证明了,政治及其全部的诡谲根据这个尺度(公开性)也就破坏了它自身的目的,因而这条准则就必定是不正义的"①。

我认为我们没有必要非得强调这条原则的有效性,以此作为区分良性政府与恶性政府的标准。读着报纸上每天早上更新的公共丑闻连载(而意大利就有着这样不光彩的名声,在数量上保持着这种丑闻的记录),我们大家都能在这之上再增添案例,要多少有多少,以此来确证这条原则的可靠性。一条公共丑闻由什么组成?或者换一种说法,什么会引发公众对丑闻的感知?而又在什么情况下会发生丑闻?在丑闻发生的那一刻,正是一种行为或一系列行为被公之于众的时刻,而该行为在此之前一直处于保密的或隐蔽的状态,而且到目前为止,它们不可能被披露,因为假如它们已经被披露,该行为或一系列行为就不可能发生。只要回想一下腐败可以采取的各种形式即可:非法侵占、挪用资金、敲诈勒索、滥用官方职权谋取私利——还有许许多多老一套的案例和事件,每天都在上演着。在什么情况下,官员才会对公众公开,他在承担公共职责的同时,将公款转移进了自己的口袋(贪污、非法侵占),或者因为职务之便,盗取不属于公共管理但为他所占有的财物(挪用资金),或者不当利用他手中的权力或地位,强迫他人给予其财物(敲诈勒索),或者为了个人私利铤而走险(滥用职权)?显然,任何这类声明都将使这种意图付诸实施变为不可能,因为没有任何一个公共管理系统会放心把任何职位交给有这种行为

---

① 同上,第331页。(中译参见何兆武译:《永久和平论》,上海:上海人民出版社,2005,第59-60、61-62页。——译注)

的人。这也就是这类行为必须在私密情况下进行的原因,一旦泄露即会招致举众哗然,这就成了我们所知的"丑闻"。只有柏拉图所谓的暴君能够公开实行那些令人憎恶的行径,这些行径,或者由公民个人在任何人毫不知情的情况下执行,或者,如果他们能够压抑住冲动,降格为只在他的梦中执行,比如说弑母。用来区分正义与非正义、合法与违法的公开性标准,对于暴君之类的人并不适用,对于这种人来说,公事和私事被混为一谈,在这层意义上来说,国家的事务也就是他们个人的私事,反之亦然。①

专制与"权力的秘密"

倚重权力公开只是启蒙的一个方面,用来反对专制国家,或者更具体点,用来驳斥家长制或独裁统治、神圣的君权或霍布斯提出的人间之神(Dio terreno)的种种表现形式。父亲将自己的意志强加给未成年的儿子,奴隶主给那些受他指挥的人下达命令,君主得到神的授权进行统治,主权被比作人间之神,他们都没有义务对那些接受他们命令、不构成"公众"的人们透露他们决策私下里的原因和理由。塔索(Tasso)在《托里斯蒙多》(*Torrismondo*)中说:"对于国王来说,不会对愚蠢平民倾诉他们的秘密是理所当然。"②遵循"公共福祉为最高法则"这一原则,任何统治,神授的君权也好,自然法则或征服所赋予的权利也好,实际上有责任尽

---

① 参照柏拉图《共和国》,第 571 页。
② 这里引自 L. Firpo 对塔索的介绍,参见 *Tre Scritti politici*(Torino: Utet, 1980),第 27 页。

可能地将自己的谋划隐藏起来。通过做成隐匿之神的样子,统治者们越是能成功地看到他们粗俗又顽固的臣民们在做什么却不会被人发现,他们的权力就越发强大,进而在统治中更好地发挥作用。被比作人间之神的统治者,其理想就是像神明一般全知而无形(即自己不可见却能看见一切)。政治关系,即统治者与被统治者之间的关系,在这种情况下被设想成一种彼此互惠的交流,或如法理学家所说的那样,对双方都具有约束力,在这其中统治者提供保护,以换取服从作为回报。现在这些保护者需要被赋予一千只眼,如阿尔戈斯之眼(occhi di Argo)一般,而那些服从者没有看见任何事物的需要。于是,保护者越有远见,服从者便越盲目。

国家理性(la ragion di stato)伴随着现代国家的形成,在与此相关的理论著作中,有一个反复出现的主题就是关于**权力的秘密**(arcana imperii)。我们正面临一个庞大的主题,因此我只做与当前问题有直接关联的简短论述①。这方面最著名的作品《论公共事务的奥秘》(De arcanis rerum publicarum, 1605),其作者卡拉马(Clapmar)对权力的秘密做了如下定义:那些国家掌权人的秘密、隐藏的想法或决定,其目的具有双重性,即维持国家现状和维持现有的政府形式(即防止遵循各种"转变"的自然进程,君主制降格为贵族统治,贵族统治再变成民主制,等等,正如亚里士多德在他的《政治篇》第五册中描述的那样)。作者将第一种称为帝国的秘密

---

① 这一表述源自泰西塔斯(Tacitus),对于这一主题的介绍可参见 F. Meinecke:《现代史中的国家理性思想》(L'idea della ragion di stato nella storia moderna), Firenze: Vallecchi, 1942, Vol. I, pp. 186sgg。

(arcana imperii),而将第二种称为统治的秘密(arcana dominationis)。① 即便是诚实与合法的,这二者也不被承认。马基雅维利主义者加布里埃尔·诺德(Gabriel Naude)在其著作《关于政变的政治思考》(Considerations politiques sur les coups d'Etat,1639)中写道:"没有哪位君主如此软弱又缺乏常识,会愚蠢到将倾诉给大臣和亲信也很难保密的事情交给公众监督。"② 通过这些引述,已经很明确可以看出,"秘密"的范畴包含两种现象,尽管彼此之间有密切的联系,二者仍区分明确:一种是隐秘的权力,即**将自身隐匿起来**(si occulta)的权力;另一种是**隐瞒**(occulta)的权力,即通过隐瞒其他事情将自己隐瞒起来的权力。包含在第一种当中的是国家秘密的经典问题,而第二种是关于"贵族"的同样经典的问题,也就是合法并有用的谎言(因为有用所以合法),追溯起来不外乎柏拉图。在专制国家当中,国家秘密并非例外状况,而是规则:重要决定不管采取任何形式或方法,必须远离好事的公众视线。公共权力的最高境界,即做决策的权力受到全体臣民的约束,这恰好与统治者及其决策的最大限度的隐私范围相一致。克劳德·德塞瑟尔(Claude de Seyssel)的《法国的君主制》(La monarchie de France,1519)已被认定是在绝对君主专制时代的法国关于政治思

---

① 我引自阿姆斯特丹的版本(apud ludovicum Elzeverium,1644),该卷还包括 Giovanni Corvino, *Discursus de arcanis rerum publicarum*; Christoph Besold, *De arcanis rerum publicarum discursus*;以及卡拉马的另一篇 *De iure publico*。该段出自第 10 页,arcana imperii 与 arcana dominationis 这两种表达都出现在泰西塔斯的著作中,但不具有卡拉马所赋予的内涵,前者出现在 Annales,II36,后者出现在 Annales,II59。

② 这里我引自意大利译本,Torino:Boringhieri,1958,p.54。

想重建的最权威来源之一，从中我们可以读到："仍有必要注意，不要在大型聚会之前沟通需保密的事。因为当这事引起了几个人注意，就几乎不可能不为公众所知"①。根据这位作家所说，君主需要接受三个理事会的建议，正如基督依靠三个基督徒群体、七十二门徒、十二使徒和三个最值得信赖的同伴——圣彼得、圣约翰和圣雅各布。在这三个理事会当中，内部密室是秘密理事会，成员不超过四名，从"最具智慧和经验的人"中挑选而来，国家元首与他们商议解决重大议题，之后才对普通理事会提出。如果他们觉得普通理事会所做决议并非可能范围内最合适的，就会对此提出质疑，甚至不采取任何行动，转而以秘密理事会的决议取而代之，"不向他们透露任何信息，直到决议已经生效"②。可以被援引来支持"保密"的说法中，有两个普遍的也是被引用最多的说法：所有关系到国家最高利益的决策都有必要尽可能快速地推进，并且要无视普通民众，他们仅被当作被动的权力施加对象，他们会被强烈的情绪所主导，这可以防止他们形成有共同利益的理性思维，也使得他们更容易成为煽动家的猎物。无须多说，当我提起独裁者隐秘的权力，我想到的不是它的外部方面。统治者越是拥有绝对的权力，他们越是必须向外界展示出自己的权力无可争议的迹象：处于城市中央的皇宫、皇冠、权杖等帝王的徽章，雍容华贵的服饰，贵族组成的随从，全副武装的护卫，象征着真正意义上"铺张排场"的游行，他们沿途布置凯旋门，举行庄严的庆典，将公开的仪式用于他们私人生活的重要时刻——婚礼、生日、忌辰（凡此种种，与他们对公

---

① 出自 J. Poujol 编辑版本，Pairs：Librairies d'agences，1961，p. 134。
② 同上，第 139 页。

共行为的保密形成鲜明的对比)。要灌输给臣民一种对待掌握自己生杀予夺大权者的尊重以及诚惶诚恐的敬畏感,行为人这种辉煌到几乎令人炫目的可见性是必要的,同时又必须配以其行为的不透明,而这对于保证它抵抗来自外界的控制和干扰是必需的。①

相反地,当最高权力是隐秘的,将矛头指向它的力量也会倾向于隐秘。无形的权力和无形的对立面是一体两面的关系。每一个专制政权的历史与阴谋的历史都是并行不悖的。哪里有着隐秘的权力存在,哪里就会同样也存在"反对的力量",几乎是作为其自然的副产品,所采取的形式为阴谋、秘密计划、秘密团体、政变,就在皇宫的前厅酝酿着,或者是煽动性活动、起义或叛乱,在难以渗透、无法企及的地方谋划着,远离宫廷当局的视线之外,正如统治者尽可能将其行为置于普通民众的视线之外。**煽动暴乱的秘密**(arcana seditionis)之历史同样可用来著书立说,然后与**统治的秘密**(arcana dominationis)之历史放在一起,同样都细节丰富。只有当现代宪政国家出现之后,宣称了权力公开的原则,这一主题才从政治学和公共法的论文中消失。但是这个问题并没有在政治思想典籍中被忽视,也没有不合时宜,其原因非常明显,所以令人可悲的是再次仔细研读相关的文章也并无不妥。马基雅维利在他的《李维史论》(Discorsi

---

① 当我写完上述内容后,读到了施瓦曾伯格(R. G. Schwarzenberg)的著作 Lo stato spettacolo: Attori e publico nel grande teatro della politica mondiale(Rome:Editori Riuniti,1980),该书的主题是政治生活向景观的转型,这使得处于政治生活中的个人在行为上不得不如同演员。作者的开场白是:"如今的国家正在转变为剧团,转变为景观制造者",这里唯一的错误就是用了"如今"(而且,这在一本探讨政治的书籍中是相当严重的错误)。

sulla prima deca)中,将论述最集中、篇幅最长的篇章之一用作讨论阴谋,并用这句话开篇:"在我看来不应当对阴谋略而不论,因为这种事对于君主和普通人都是如此危险。很清楚,因为阴谋丢掉了性命和政权的君主,比起因为公开的战争而丢掉性命和政权的君主多得多。"他继而说道,"为了让君主们能够学会谨防这些危险,为了让私人公民能够更加小心谨慎地参与其中……我要详细地谈论它们,不忽略对于表明这两方面都很重要的任何情况。"①

如我所说,独裁政权不仅隐藏自身,以免暴露其所在,而且在其决策不得不被公之于众的情况下,往往还会掩盖其真实的意图。隐蔽和自我隐蔽是确保权力保持隐秘的两个惯用策略。当避免不了要深入公众中去的时候,就戴起面具。对于论述国家理性的作家,"谎言"是个必不可少的主题,这正如有必要召唤柏拉图的"高贵的谎言"(nobile menzogna)或者亚里士多德的"诡辩的话语"(discorsi sofistici)。② 这已变为一种"**共同的观点**"(communis opinio):不管是谁掌权,必须坚持不懈地对外部和内部的敌人严加防范,他们有编织谎言的权利,或者更准确地说,有"伪装"的权利,也就是说,使原本不是的事看起来像那么回事,以及"掩饰"的权利,或者说使事情看起来不像真相那样。借助一个常见的比喻,这就像医生向他的患者隐瞒某个病情的严重性。但同样常见

---

① 此处出自第三册第六章。(中译参见潘汉典、薛军译:《君主论·李维史论》,长春:吉林出版集团有限责任公司,2011,第 453 页。——译注)

② 关于这一主题的趣味盎然的系列引文参见 R. De Mattei 的 *Il problema della" ragion di stato" nel seicento*, XIV, *Ragion di stato e" mendacio"*, *Rivista interzionale di filosofia di diritto*, XXXVII, 1960, pp. 553 –576。

的是对患者的谴责,因为他欺骗医生,没有告知病情严重程度的事情,使得医生不能有效地施治。以此类推,王子有权去欺骗他的臣民是事实,而臣民无权去欺骗王子也同样是事实。伟大的博丹(Bodin)写道:"没有必要对任何只言片语或是承诺斤斤计较。实际上,柏拉图和色诺芬(Senofonte)允许法官和统治者说谎,就如同成年人对婴儿和病人所做的那样。因此,圣人伯里克利(Pericle)与那些雅典人相处,将他们引导至理性之道。"①格罗茨奥(Grozio)在他的著作《战争与和平法》(*De iure belli ac pacis*)中专门用一个章节来讨论国际关系中的谎言(*De dolis et mendacio*)这一话题。这个章节非常重要,因为它包括一长串支持和反对公开谎言的经典观点以及经久不衰的诡辩,这些是如此余音绕梁和暧昧微妙,以至于现代读者将迷失在这迷宫中,每当到达一段路径的终点,又有新的路径出现在他们面前,直至他们发现自己无可救药地误入歧途,既无法找到出路,又无法回头。

　　鼓舞着那种既全知又不可见的权力的最高理想,最近又被福柯(Foucault)重新发现,并做出了绝妙的描述,他对边沁(Bentham)设计的全景敞视监狱(Panopticon)②分析道:"囚室被分开布置,每一间关一名犯人,从中心向外呈辐射状,中心处竖立一座瞭望塔,从瞭望塔的顶端,象征权力的看守能随时观察到他想监

---

① 博丹(J. Bodin):*Les six livres de la République*,Paris:Jacques du puys,1957,IV6,p.474;引用自马泰(R. De Mattei),Il problema,p.560,n.27。

② 福柯:《规训与惩罚》(*Sorvegliare e punier*),Torino:Einaudi,1976,pp.218-228。(中译参见刘北成、杨远婴译:《规训与惩罚》,北京:三联书店,2012,第224页。——译注)

视的任何人的哪怕最轻微的举动。重要的不是让犯人们看见哪个人在监视他们,而是要让他们知道有人在监视他们,或者不如说知道有人能够监视到他们"。福柯恰如其分地将这种全景敞视监狱定义为一种分解观看/被观看二元统一体的机制。按照这样的规划,监视的人自身不会被看见。他将这种现象表述如下:"在环形边缘,人彻底被观看,但不能观看;在中心瞭望塔,人能观看一切,但不会被观看到。"①还可以观察到一个有趣的现象:在以监视者或被监视者为中心的双方关系的双方之间,这种全景敞视监狱的建筑结构建立起一种根本上的不对称。观察到这个现象可以进一步得出这一规律:权力关系可以是对称的,也可以是不对称的。理想中的民主形式,要通过每个人与其他所有人的协商一致——亦即**社会契约**(*pactum societatis*)——而产生。现在,我们有合同制来代表对称关系的理想型,这基于"以物换物"(*do ut des*)的原则,而在不对称安排的理想型系统中,统治者建立起一套基于支配与服从的关系。全景敞视监狱的结构,是作为一种监狱的典范被发明出来的,换句话说,是作为一种基于最大化强制和最小化自由的原则建立起来的社会机构类型,所谓的全控型机构,诸如疯人院、军营、医院,在一定程度上也算是,它们全都基于这样的理念而运行,即"凡是未经禁止的都必须要去做"。但是这样一种设置很容易被拔高,升格为专制国家的理想典范,将其原则带入逻辑结论(我这里所用的"原则"这一术语,是孟德斯鸠意义上的),以致产生这样一条公理:君主越是全知,他就越有能力令

---

① 同上,第220页。(中译参见刘北成、杨远婴译:《规训与惩罚》,北京:三联书店,2012,第226页。——译注)

他人服从自己,他越是不可见,就越有能力支配他人。如果我们将支配/服从这一对关系看作是不对称权力关系的缩影,那么不管是谁,越是从大众视线中隐藏起来,就越是可怕(臣民们知道有人在监视着他们,但又无法知道其确切的位置)。同样的道理,必须服从命令的那个人,越是容易受监视,任何手势、举动和言论都被监视着,他就会变得越温顺(统治者可以在任何时候获知他身处何处,在做什么)。

正如福柯绝妙的论证那样,依旧是边沁捕捉到了将这种全景敞视监狱的体制用于其他机构、所有这类场所的可能性,"建筑物占用的空间不太大,又需要对一定数量的人监督的任何机构",因为"在任何一种应用中,它都能使权力的行使变得完善"①。我想最后再回到这句话来:"建筑物占用的空间不太大"。这里值得强调的是理想化的高度,发明者通过他的创造将自己的痴迷提升到了那个高度。边沁将全景敞视监狱的好处罗列如下:"道德得到改善,健康受到保护,工业有了活力,教育得到传播,公共负担减轻,经济有了坚实基础,济贫法的死结不是被剪断而是被解开,所有这一切都是靠建筑学的一个简单想法实现的。"②这种建筑的外观——上至瞭望塔上警戒的看守,下至囚室中被监视的犯人——提出了一个终极问题,这也是一个从古至今所有的、一直可追溯至柏拉图以前的政治作者在每种国家理论的结尾都会提出的问

---

① 同上,第224—225页。(中译参见刘北成、杨远婴译:《规训与惩罚》,北京:三联书店,2012,第231页。——译注)

② 同上,第225页。(中译参见刘北成、杨远婴译:《规训与惩罚》,北京:三联书店,2012,第232页。——译注)

题——"谁来监管监管者?""监管之人,谁人监管(Quis custodiet custodes)?"例行的回答是给监管者设定一个层级关系,就实际而言,这个过程不会是无穷无尽的,一直划分到这样的监管者:他们不受监管,因为没有任何人有这个监管者级别。但谁才是这个不受监管的监管者呢?这个问题是如此重要,以至于可以按照针对它给出的答案来给各种政治学说分类:上帝、创建国家的英雄(黑格尔)、最强者、征服权力的革命者一方或是代表整个社会通过投票表达意愿的人们。边沁是一位有自己独特风格的民主作家,他是这样解决监管监管者这个问题的:该建筑易于实行持续的检查,不仅由指定的监管者,还要由公众来检查。这种权宜之计代表了更进一步的阶段,将"观看/被观看"这一对概念剥离开来。犯人能被看见,自己却看不见;守卫能看见,同时也能被看见;掌握事态进展的人能够看见,但除了自己以外的其他人看不见自己,因此,相对于他人来说,他还是无形的。不可见的监视者终究还是统治者。

民主理想与现实

上述观察不仅表明了这个问题的重要性,我认为还显示了其内涵的广阔性,到目前为止,它还没有得到应有的深入探讨。我甚至还没有提及秘密权力史上一个至关重要的现象,即间谍活动(并且,由于无形权力要与同为无形权力的另一方展开斗争,就会相应地出现反间谍现象),还有常见的对秘密机构的利用。从来没有一个国家,无论是专制抑或民主国家,能够离得开这些人。至今也没有一个国家能够离得开他们,因为比起这种不经对方知晓或察觉而设法获得情报,没有更好的方法能够获知他人的行动。我已经强调过,康德在文章中将政府行为的公开化作为对政治上不道德的一种补救,如果康德把绝对禁止使用间谍作为国家之间永久和平的先决条件之一,那也并不意外。但凡诉诸这些手段都被康德归纳为"不荣誉的策略",而他引用的论据之一就是,在战争中部署间谍这种"只不过是利用另一个人的无耻而已"的策略,最终会蔓延至和平时代。①

无须赘言——我想说这对谁都不是个秘密——即便最民主的国家,也要保证公民一定范围内的隐私,例如,将侵犯私人通信定为犯罪(《意大利刑法典》第六百一十六条),或立法保护个人或家庭生活的隐私,防止当局或能够左右大众舆论的社会机构的监视。例如第六百八十三至六百八十五条款(此条款经常被援引,无论是否合适)将泄露议会的保密议题、审判进程的细节或试行措施的相关信息统统定为犯罪。不过这并非问题的关键:专制与民主之间终究有所区别,对于前者来说,国家事务的保密是一项准则,而对于后者来说,却是法律规定的一种例外状况,并且不允许进行不恰当的过度扩展。我不打算再就另一个问题进行详谈,但即使如此也应该对它加以考虑,那就是关于在技术专家和

---

① 康德:《政治著作选》(*Scritti politici*),第288页。(中译参见何兆武译:《永久和平论》,上海:上海人民出版社,2005,第10、11页。——译注)在苏联异议者季诺维也夫(A. Zinoviev)于《高峰》(*Cime abissali*, 2 voll., Milano: Adelphi, 1977—1978)中所描述的伊巴尼亚共和国(la repubblica di Ibania)里,进行间谍活动已成为政府的最高原则,如今它不但成为政府对待被统治者的普遍处事规则,也被运用于公众成员之间,所以专制政权不但建立在其对臣民们的监视能力上,也得益于臣民们彼此监视形成的恐怖统治。

技术专家政治的幌子下,统治秘术的再现:技术官僚是知识方面的智囊团,他们对于普通人来说遥不可及,即使能够接触到普通人,也不被他们之中的大多数人所理解,民主制度下的臣民中也只有少数人能为最终决策做出有益的贡献。传统的轻视普通民众的问题是将他们看作非理性的人群,甚至对于自己的利益攸关的事也无力做出理性决策,无法抬起头来将眼光放远,聚焦如照耀万物的太阳一般的共同利益,只能始终盯着地面一般的个人日常所需。这种情况并非如此,相反,这源自对普通民众的无知或科学常识方面匮乏的客观认识,那是一条无法逾越的鸿沟,将专家与外行、称职者与不称职者、技术人员或科学家的实验室与大马路分隔开来。我不会在这个问题上继续纠缠,因为民主政治与专家政治的冲突,属于民主的"悖论"这一范畴,而不属于其失败的范畴①。

当就有形权力的理想模式与"实际存在的现实"进行对比时,我们必须注意到这样一种倾向,这也是我一直以来探讨的,针对统治的各种形式所产生的共同倾向,那就是通过自我藏匿或隐藏,即通过保密或伪装的伎俩,将自己转移至被统治者所受的审查之外。

上述问题的第二个方面,我这里就不多说了,因为"隐藏"对于每种形式的公共交流来说都是司空见惯的现象。过去从施动的主体,即统治者的角度去看,被称为"做出样子"(simulazione)的那些举动,如今从被动的主体,即市民的角度观察,则被称为

---

① 对秘密的两种不同功能进行区分是合宜的,不就决策泄密会是因为它并非经由每个人参与得出(这是一个技术秘密),也会是因为它并非服务于每个人(这是一个更为正统的政治秘密)。

"篡改操纵"(manipolazione)。我经常在一些场合注意到,只要是涉及政治舞台,每一个问题可以归结为**从君主一方来看**(*ex parte principis*)还是**从人民一方来看**(*ex parte populi*)。几个世纪以来的政治作家,都是由"君主"的视角去考虑政治问题:因此,他们在"有用的谎言"这一问题上的兴趣,在某些条件和限制内是正当的。同样的问题从信息接收者的角度去思考,就带来了共识问题,但这总是被各种操纵形式、专家们争论良久的大众传媒形式所扭曲。在大众社会中,意识形态系统及其衍生物最直接地继承了"有用的谎言"。政治作家们一直都很清楚,而如今我们也比从前更清楚:从严格意义上来说,政治权力的独有手段是使用暴力,但它离开意识形态权力就难以施展,因此需要或公开或隐藏的"说服者"。即使是民主体制——我这里所说的"民主体制"是指依照以普选为基础、定期在固定时限内开展的选举程序,以人民的名义并且代表人民来行使最高权力(此处的"最高"被授权可在无路可走的情况下最后诉诸暴力)的体制——不但离不开意识形态方面的权力,而且在某些方面对它的需要更甚于独裁者或寡头统治,后两者都是针对被剥夺了人权的浑浑噩噩的大众。民主作家一直在抨击统治者的"谎言",反民主作家则诱骗人们去反对煽动家蛊惑人心的滔滔雄辩,此二者的满腔怒火和锲而不舍倒是相同的。民主权力与专制权力的区别在于,只有前者允许的自由批评和不同观点的表达才能导致自身内部抗体的发展壮大,才能促成"揭开隐秘"(disoccultamento)的体制①。

---

① 典型的"揭开隐秘"的运作正是对丑闻的揭露,或更确切地说,是对过去未曾公开却已暗度陈仓行为的揭发,使之变成甚嚣尘上、众所周知的丑闻。

地下政府、秘密政府和全知的权力

最关键的问题仍在于政府的开放度和政治体制运作过程中的"公开性",这对于有形权力消除无形权力的潜能是一个严峻的追问,它也如我们所见,代表着现代国家自极权国家转变至宪法国家的真正的转折点。此时此刻,看看在我们的国家发生的情形,我们必须面对现实,有形权力对无形权力的**压倒性胜利**(debellatio)还未实现。我首先想到的是地下政府(sottogoverno)以及我们所谓的秘密政府(criptogoverno)。这种权力划分,并非在纵向或横向权力之间做出传统的区分,而是根据其显著度,划分为显现的(公开的)、半覆盖的(半公开的)和覆盖的(隐秘的),这样划分不是特别符合正统,但规避传统分类使得它足以把握事实的某些方面。

地下政府直到现在还保留着几乎专用的新闻辞令,然而如今它完全有资格在政治学者的概念工具中占有一席之地。也许,试图将这一现象——直到目前为止还只是存在理论——在如今付诸实践的时刻已经来临! 其实践与后凯恩斯主义国家(lo stato postkeynesiano)以及新马克思主义者们所谓的国家资本主义,即经济型政府的特有职能,密不可分。一旦国家承担起管理经济的责任,政治家们就不能再仅仅通过传统的渠道(即法律、政府法令以及各种各样的行政手段)来行使权力,只要议会制度和司法国家还存在着(对于后者,我指的是公共行政管理权服从于法律的国家),这些就将形成可见权力范畴内的一部分。同时国家也会通过对经济权力中心(银行、国有化行业、国家补贴的行业等)

的控制来施加影响,提供资金支持各种不同的政党机器,而这些反过来又为政府的成功选举和合法性提供了关键要素。与传统的立法权和行政权形成对照的是,经济管理主要属于无形权力的范畴,即使不从理论而从实践的角度来讲,它已经超出了民主和司法所能控制的范围。就民主控制而言,议会与经济管理之间的关系问题一直是宪法理论家、政治学者和政治家们所面临的最敏感问题之一,原因很简单,尽管出现过一些变化,但这个问题远没有得到解决。比如1978年1月24日的14号法案给我们带来的改变,该法案涉及议会对公共机构所做任命的掌控问题。毫无预兆、不断浮出水面的丑闻确认这一点,消息披露愈加使得人心惶惶,公共舆论受到冲击,它们矛头与其说是指向政府的疏忽,不如说更指向其无能。至于说行政流程的司法控制,这种基本的考察必须是充分的;在宪政国家,行政司法的创立是为了在公共管理者可能发生违法行为时,来维护公民的利益,这一假设的前提是公民在一定程度上或多或少受到了这种行为的伤害。但是,当公务人员的违法行为并没有对公民的权益造成不利,反而还促进了他们的权益时,换句话说,当个体公民从公共的违法行为中获利时,行政司法机构存身的前提也就岌岌可危了。

我生造了"秘密政府"(criptogoverno)这个词,来指代准军事的政治力量所开展的种种行为的总和,他们在幕后操作,与情报机关或其分支机构相互勾结,或至少得到他们的配合。在意大利近代史上,这种类型的第一表现毫无疑问非"喷泉广场大屠杀"(la strage di piazza Fontana)莫属。尽管漫长的司法调查接踵而至,进而在若干阶段和方向上展开,但是秘密从来不曾被澄清,真相从来不曾被揭露,黑暗的帷幕也从来不曾被拆穿。然而,我们面对的并非是不可知的领域,我们面对的是一个简单的事实,就其本身而言属于可知领域的事实,以至于我们即使不知道那是"**谁**"(chi)干的,我们也确定地知道那是"**某个人**"(qualcuno)干的。我不会打赌做任何猜测,也不打算冒险做任何假设,我只限于做个提醒,唤回人们在审判之余仍挥之不去的疑虑:官方秘密的原则是被用来保护"反国家"的秘密的。冒着有可能显得对一桩如今说来遥远——与其说遥远,不如说是"被抹去"——的事件过于喋喋不休的危险,我还要重新说到"喷泉广场大屠杀",即使它正在重回新闻视野。因为意大利的政治制度正是自那时候开始堕落的,也就是说,自从最广泛意义上的**秘密**(*arcanum*)找到了它的出路,在未曾预料到也无法预料的情况下,进入了意大利的社会生活,并造成干扰的那一刻起,堕落就开始了,只能进一步续之以同样严重的事件,而真相也保持着同样的晦涩难辨。大多数人拥有的丁点回忆顶多是关于他人的伤痛。必须要有人愿意担负起代表意大利集体记忆的责任,想尽一切可能的办法来帮助意大利人了解真相。太多的谜团自这个国家的近代史中穿行而过,如同黑夜中的行船,因为她那民主机构的脆弱与易损性并未达到人尽皆知的地步,即使我试图在这些篇幅中阐明的这些论题,即权力的不透明性(opacita),也是如此,这里的"不透明"即为"非清晰"(non-trasparenza)。这样一来,如果任何"帝国的秘密"或"统治的秘密"仍基于假定,那么绝无假定,明显的事实就是"煽动暴乱的秘密"死灰复燃,它经常采取的形式是恐怖袭击,这直到几年前还难以想象。恐怖主义是一个极好的例子,说明"隐秘"的权力贯穿了整个历史。现代恐怖主义的缔造者之一巴枯宁（Bakunin）宣称，需要一个"无形的专制政体"（dittatura invisibile）①。无论谁决定加入恐怖组织，都必须采用"黑户"（clandestinita）这一花招，穿上一层伪装，然后实施同样的谎言艺术，这经常被描述为马基雅维利式君主的策略之一。恐怖主义者同样也在小心翼翼地观察这个信条，权力知晓得越多、看见得越多、辨认得越多，却能够不被别人看见，它就是越有效的。

在我结束本篇之前，恕我冒昧提及与"无形的权力"并行的另一个主题，即"全知的权力"（potere onniveggent）。正如我们所见，边沁自己已经完全意识到他所构建方案的局限性，他写道：这个原则实际上还适用于除监狱以外的其他机构，但只限定在"一个相当有限的空间范围内"。奇妙的是，全景敞视监狱有效性的上限恰恰与卢梭为直接民主所构想的相吻合。但如今设想有可能通过计算机技术来实现直接民主，已不再是幻想世界的产物了。那么，为什么相同类型的计算机技术不能用于为当权者提供市民的和伟大国家的详细信息呢？像路易十三（Luigi XIII）和路易十四（Luigi XIV）这样的专制君主，他们所掌握的有关臣民的信息与一个井然有序的国家能获取的公民信息根本没有可比性。

---

① 该方案在如下语句中得到了清晰表述："国家架构和所谓的资产阶级文明的彻底毁坏是由自发的人民革命无形中导致的，这并非因为官方专制，而是来自一种无名却共同的专制，那些支持从压迫中彻底解放的人们坚定地团结为一个秘密社团，一如既往且无所不在地为着共同目标、追随着共同方案而努力。"（M. A. Bakunin and S. G. Necaev, 收入 A. I. Herzen, *un Vecchio compagno*, V. Strada 编辑, Torino: Einaudi, 1977, p. 80）

当我们读到有关历史上**扎克雷起义**(*jacqueries*)①的描述时,我们能够意识到,君主利用国家公务人员为工具所能"看到"(vedere)的是多么少,以及起义是如何在没有统治者——无论他如何专制——能够预防的情况下爆发的,即使是他采取了镇压的方式,也是不够敏锐的。当国家拥有了巨大的电子资源任其支配之时,与这些开辟出的庞大可能性相比,上面所说的权力太微不足道了。谁也不敢说这种情况今后注定要成为现实,抑或只是一个噩梦。无论是哪种情况,这都应该被看作是一种趋势,它与唤起民主理想来作为可见权力的典范背道而驰:这种趋势并非站在公民的立场上朝着最大化控制权力的方向发展,而是站在当权者的立场上朝着最大化控制臣民的方向发展。

---

① 扎克雷起义是1358年在法国北部爆发的大规模反封建农民起义,起义者以"彻底消灭一切贵族"为口号,他们的领袖为吉约姆·卡勒(Guillaume Cale)。"扎克雷"意为"乡下佬",是当时的贵族对农民的蔑称。该起义爆发于英法百年战争时期,它在法英封建贵族的联合镇压下失败了,却沉重地打击了封建统治者,震撼了交战中的法英两国,是法国历史上具有深远影响和重大意义的农民运动。

第五章
新旧自由主义

Liberalismo vecchio e nuovo

近些年,意大利的人们对自由主义思想及其历史的关注又重新高涨起来。在这方面,都灵的埃伊那乌迪中心(Centro Einaudi)功不可没,它贡献了一系列对自由主义学术展开研究的出版物。其中,最引人注目的是季刊《自由文库》(*Biblioteca della libertà*)为纪念创刊人弗雷维奥·古埃瑞尼(Fulvio Guerrini),而将其第76期(1980年1—3月)取名为《当代自由》(*La libertà dei comtemporanei*),这应该是为了区别于古典时期、现代及后来的自由概念,刊登了达伦多夫(Dahrendorf)和萨托里(Sartori)、马特西(Matteucci)和帕斯奎诺(Pasquino),以及乔吉奥·加里(Georgio Gali)和乌尔巴尼(Urbani)、瑞科萨(Ricossa)和乔凡尼·金泽内(Giovane Zincone)的文章,可以看作是对新自由主义的发展趋势和前景的展望。该中心还出版有成套的《手册》(*quaderni*),给意大利读者介绍了米尔顿·弗里德曼(Milton Friedman)、塞缪尔·布里坦(Samuel Brittan)、詹姆士·布坎南(James Buchannan)、威廉·尼斯坎南(William Niskanene)等学者,他们,特别是在美国,一度都处在学术辩论的风口浪尖。期刊《开放文本》(*Libro aperto*)自1980年起每年发行两期,主要介绍世界各地不同的自由运动和新自由运动。1981年,在仅仅几个月内,关于自由主义的著作接二连三地问世,这其中有Ettore Cuomo的《欧洲自由主义档案》(*Il profile del liberalism*, Esi, Roma),朱塞佩·佩奇诺(Giuseppe Pezzino)的《自由主义危机中的道德与政治》(*Etica e politica nella crisi liberale*,

Rts，Pisa），以及纳迪亚·博卡拉（Nadia Boccara）的《维多利亚时代人与激进分子：从密尔到罗素》（*Vittoriani e Radicali. Da Mill a Russell*，Ateneo，Roma）。此外，还有尼古拉·马特西（Nicola Matteucci）写的《濒危民主中的自由主义》（*Il liberalism in una democrazia minacciata*，Il Mulino，Bologna）一书，他多年来一直是自由传统的捍卫者，这在多数情况下通过对他最推崇的作家托克维尔的颂扬表现出来，他随时随地与其所认为的"三大恶魔"共产主义、社会主义和民粹式民主抗争。1981年我在写作本篇时，拉特尔扎出版社（Laterza）推出了达伦多夫（Dahrendof）的一本新作，书名很有趣，叫作《变幻的自由》（*La libertà che cambia*），卢西奥·科莱蒂（Lucio Colletti）为之作序。阿曼多出版社（Armando）也在同时出版了一本文章合集，并标以引人注目的书名《让自由自由》（*Liberare La libertà*），该书开篇就是让-克劳德·科利（Jean-Claude Colli）的《自由宣言》（*Manifesto per La libertà*）。

斯图尔特·密尔的左翼观点

真正让人意外的是如约翰·斯图尔特·密尔（John Stuart Mill）的《论自由》这样的自由主义经典被编入全新系列中重新出版，这是由朱利奥·乔雷罗（Giulio Giorello）和马可·蒙塔多利（Marco Mondadori）共同编辑，名为"政治空间"（*Lo Spazio politico*）的丛书。该系列带有左翼导向，尽管他们并非教条主义左派，试图与开明右翼（卢曼，Luhmann）达成妥协，并将那些快被遗忘的作家们重新带回人们的视线（卡尔·施米特）。两位编者朱利奥·乔雷罗（Giulio Giorello）和马可·蒙塔多利（Marco Mondadori)都是著名的科学哲学家,也是现代科学方法论奠基人卢多维克·吉莫纳特(Ludovico Geymonat)的学生(因为政见不一,师生间可能已经分道扬镳了)。他们通过费耶阿本德(Feyerabend)的自由意志方法论发现了密尔的政治自由主义(从而发现科学哲学与政治哲学两者之间有很多值得仔细探讨的议题)。一旦他们通过对密尔和费耶阿本德的阅读,理解到冲突和异议所具有的复杂性和观点的多元性,他们就会得出左派需要一场真正的"哥白尼革命"(rivoluzione copernicana)的结论。这要求克服中央集权化的教条,认为社会不仅仅是一个以效用函数(funzioni di utilità)——该词出自约翰海萨尼(J. C. Harsanyi)——为衡量的群体间互动关系的总和,因而反对任何主张根据统一规划来组织社会生活的权力集中[此处我引用了自由主义市场经济理论当之无愧的元老弗里德里希·冯·哈耶克(Friedrich von Hayek)的话]。

新版的密尔著作,出乎意料地引起了强烈的反响:有人兴奋,有人愤怒,有人疑惑,也有人激烈地争辩。① 对我而言,那些坚持认为自己属于左派的学者对密尔始料未及的竭力维护,让我意识到不同历史状况下的两代人之间奇特的角色逆转。我们当中那些经历了过去的法西斯主义岁月的人,仍对自由传统不离不弃——通过保持着对克罗齐、埃伊那乌迪、萨尔瓦托雷利(Salvatorelli)和奥莫黛(Omodeo)的热爱,维护着它的尊严和有效性。当马克思重新被发现时,我还记得我从他们那里感受到的热忱与兴奋;马克思对众人接受的真相进行了强有力的质疑;他引导我

---

① 具体例子参见《一页》(Pagina)杂志对于意大利版《自由论》的各种评论,1981年5—6月,II,n.8-9,pp.30-33。

们占据有利的位置,发现那些从未拥有过"他们的"历史的人们的历史;他激烈抨击意识形态如同面具一般隐藏了对权力和财富的追逐。在经历了对理论的过度亢奋和沉溺以及马克思主义教条的乏味重复之后,打着马克思主义的旗号的革命还产生了一些专制政权,如今这代人能批判性地打破传统,重新发现这些自由主义的思想者,岂不是一个奇迹(1968年并非白来一趟)?如我们所知,在意大利,密尔关于自由的著作最有名的版本由皮耶罗·戈贝蒂(Piero Gobetti)在1924年推出之时,正是法西斯主义在意大利肆意横行之际。戈贝蒂说服了他的导师路易吉·埃依那乌迪(Luigi Einaudi),意大利最博学也最坚定的自由主义－自由贸易主义(liberalismo-liberismo)倡导者,为之撰写序言。而戈贝蒂本人在同年也发表了一篇文章,名为《马克思的时间》(*L'ora di Marx*)。文章以这样一段预见性文字收尾:"也许法西斯主义的插曲还会存续一段时间,但它及其幻梦终将被马克思主义领导下的无产阶级及其中坚力量所埋葬。正如我们所看到的那样,政治就如上帝一般,踪迹飘忽不定。思想史的演变就像扑克牌游戏,任我们不断重洗,结果却无从得知。"

当然,我对两位左翼学者在潜心研读这些关于自由的论著后将之介绍给后来的追随者们的行为,举双手赞成。这或许可以结束自由政治文化与社会主义政治文化之间一直存在的互不信任。马克思主义者往往理直气壮地驳斥其反对者的无知与偏见,但自由主义者常常被迫有理有节地抗议对自由思想伟大成就的粗暴清算,它们常会被认为是资产阶级利益的附属品(被认为天生有"污点")。对那些一直坚持阅读自由经典的人来说,即便是在暗无天日的日子里,他们都没有认为这些著作是些死去的文字(但对整个意大利的马列主义传统来说是,他们喜爱卢梭而非洛克,喜欢黑格尔而非康德),只有左翼推动的密尔的回归是他们可以接纳的。它们关涉到对限制权力的需求,即使这种权力是大多数人的权力,也关涉到斗争的丰富性,对多样性的颂扬、对因循守旧的批评,以及一个治理良好的社会赋予言论自由的绝对优先权,密尔的这些思想成了19世纪文明国家政治期刊上的常见内容。重读乔雷罗(Giorello)和蒙塔多利(Mondadori)所写的序言,我不由得思考,是怎样稠密的黑暗裹尸布才能遮住欧洲左翼知识分子传统中的这些思想,倘若重见天日,它们都将被视为启示了。我想起了卡洛·卡塔内奥(Carlo Cattaneo),他把一生和诸多天赋都用于钻研和传播他的对立学说(la dottrina dell'antitesi),认为对立是进步和作为大型交易的国家的主要推动力。从波普尔(Popper)的开放社会理论以来,"封闭/开放"的对立就取代了启蒙运动所提出的"光明"与"黑暗"的二元对立。到19世纪中期,卡塔内奥已经阐述了如果一个社会是建立在一个单一排他的学说之上,那么这个社会一定是封闭静止的;如果是建立在一贯的多元学说基础上并相互碰撞产生良性效应,那么这个社会一定是开放且进步的。他提到静止的文明,如19世纪的中国,就是一个封闭体系;而活跃的文明,如古罗马和他那个时代的英国都属开放的体系。关于封闭型体系如何转变为开放型,他自问自答地认为要借助外来的学说来打破先前的平衡。密尔也继承了将19世纪的中国作为静止社会的传统观点,并认为要想取得进步,"它将不得不借助外国人的帮助"①。至于冲突的主题,卡塔内奥这样写道:"尽管各种思想之间的摩擦

---

① 密尔:《论自由》(*Saggio sulla libertà*),Milano:Il Saggiatore,1981,p. 103。

永远存在,伟大的欧洲精神至今仍然闪耀"。①

自由状态与社会状态

密尔的论述无疑是自由主义的入门。但迈入门槛后的五十多年是百花齐放的时代,目前尚未到达最后阶段。这里我与弗雷德里克·斯达姆(Frederico Stame)的想法一致,他认为重建关于自由的新学说比一位19世纪的功利主义者(且带有欧洲中心主义的偏见)所想象的要艰难得多。② 我还得加一句,比那些已经宣判福利国家死亡的货币主义的积极鼓吹者们想象的还要艰难。

密尔坚持的公平原则即 neminem laedere,意思是:权力在不得已的情况下合法行使的唯一要求是**不伤他人**。③ 但正如我们所知,"不伤他人"之后是 suum cuique tribuere,即**各循喜好**。莱布尼茨(Leibniz)(多么老套!)在评论罗马法学家的律法体系(praecepta iuris)时认为,第一条箴言足以规范财产权(iuris praecepta),但是要校准社会法规(ius societatis)还需要第二条。在现实中,如果没有公平的分配原则,一个社会如何拧成一股绳?密尔在一篇文章结尾也提到了这一问题,他坚持只有在首先(注意首先)"不伤害他人

---

① 卡塔内奥(C. Cattaneo):《文学书写》(Scritti letterari, Firenze:Le Monnier,1925,p. 292)。卡塔内奥关于这一主题的思想在拙文《一门战斗哲学:对卡洛·卡塔内奥的研究》(Una filosofia militante. Studi su Carlo Cattaneo, Torino:Einaudi,1971,pp. 112 sgg)中有更多讨论。

② 弗雷德里克·斯达姆(F. Stame):《密尔之外》(Oltre Mill),收入《一页》杂志(Pagina),1981年5—6月,II,n. 8 – 9,pp. 30。

③ 密尔:《论自由》(Saggio sulla libertà),第32页。

利益"的前提下,政府才可作为。其次,政府必须保证"每个人根据自己的劳动以及为维护这个社会及其成员免受伤害和干扰所做出的牺牲(我重点强调),获得相应的回报(必须按照平等的原则)"①。我始终强调"在平等的原则基础上",但如果没有公平的分配原则,何来平等的原则?

尽管在现代法哲学中反复出现(直至且包括到黑格尔)这样的认识:作为与道德相对的法律,由诸如"不伤他人"之类的负面训诫构成;即使在理想的自由状态中(这在现实世界根本不存在),任何司法体系都由负面和正面训诫构成。这种思想认为国家的唯一职责是阻止个体间的相互伤害,它在赫伯特·斯宾塞(Herbert Spencer)不可妥协的自由主义中被推到逻辑上的严苛极致,这源自将公法任意删减为刑法(这让人想起宪兵或警卫队的情形)。我在不同的情况下说过,从自由贸易的自由状态到社会自由状态的过渡正对应着由消极的司法体制过渡到积极的司法体制,从以保护-镇压的功能为主过渡到以培育和推进理想社会的特征为目标。② 但这并不是说,曾经有国家将自己限定在简单的防御状态,而无其他管理范围的延伸以便推动有益行为达到和谐共处,或者只做到纯粹的生存保证,如密尔所倡导的通过鼓励民防举措所完成的一样。至少,这在那个时刻是正确的,国家不但要保护每个人不受他人伤害又要保护所有人作为集体免受外敌入侵。无论情况怎样——不管国家的积极职能是高还是低(不

---

① 同上,第106页。

② 此处可特别参考我的《从结构到功能:法学理论新解》(*Dalla struttura alla funzione. Nuovi studi di teoria del diritto*),Milano:Comunita,1977。

但要预防还得促进,不但提供保护还得创造机会),这种根据数学上的平等,做一件好事(坏事)获得同等或相应的奖赏(惩罚)的"交换正义"(la giustizia commutativa)的原则已经不够用了。任何社会要想团结一心,就必须涉及分配正义。我们每一个人都清楚这一点,问题也随之而至:分配,是的,但采取什么标准?目前关于福利国家的争论就是因对这一简单问题的不同看法而起的。

在罪与罚之间、个体伤害和赔偿之间做出决定并非易事,历史上关于如何做出惩罚及如何实施所带来的变化意义深远,正好说明了这一点。它决定了构成个人伤害(想想由工业污染造成的健康风险)或者犯罪(细想所谓"公民不服从"所造成的问题,其中区分合理行为与非法行为也是一件棘手的事)的标准不是一件简单的事情。然而,无须我多言的是,区别负担分配和奖励颁发有多么复杂可怕。如此情况下,交换正义(la giustizia commutativa)就成了双重问题:什么是分配的内容和标准?在这种情况下,以交换正义之名产生的第一个问题应该由国家来决定,此问题密尔提出如下:"我们应该抑制伤害行为,即使这种行为得到了社会的高度认可,并毫无疑问地得到了广泛的接受。"除非我们相信国家为抑制不道德行为而不顾及对他方造成伤害(我几年前曾提过密尔的论文对此所做的及时贡献,该论文曾在刑法专家和哲学家之间引起公开争辩,该观点意在广泛宣传刑法学家和哲学家之间的分歧,本文引述此观点是为了否定刑法法规范围的道德功能)①。与

---

① 我所说的相关论争是指 H. A. L. Hart 的《法律、自由与道德》(*Diritto, morale e Libertà*, Catania:Bonanno,1968,由 G. Gavazzi 作序)书中提出的,他在关于自由的文章中明确援引密尔的理论来反驳某些英国法官的陈旧思想。

此相反,当呼吁分配正义时,分配的内容和标准就不是一个显而易见的问题了,也不仅仅是观点统一与否的问题。将此问题简单化,尽管并非很大程度的简单化,则成了自由放任派(古典自由派)和福利国家派(社会自由派)的分水岭。例如:在应用交换正义作为社会系统一部分的先进国家的民法和刑法领域,有可用于比较的共同规律。但是一旦用国家的名义来分配负担或授予奖励时,则会出现相互矛盾的主张,这些矛盾有其历史延续,并且无法明显地得到解决。

哪种自由主义?

当我们说起对自由思想的新一轮关注时,必须确保我们谈论的是同一件事。就像我多年前提起社会主义会被问一样,人们也追问起自由主义。那么,什么是自由主义?正如其他理论体系一样,我们的探索也要追其本源,探索其曾经的主要变体或者"学派",在其理论发展的过程中哪些作者发挥了主要作用,等等。在过去的那个世纪,人们认为社会主义是单一思想者的作品(自由主义和马克思主义之间的比较要比自由主义和社会主义之间的比较更为常见),但与社会主义不同,自由主义是人类思想史上的一场运动,许多思想迥异的作家参与其中,如洛克(Locke)、孟德斯鸠(Montesquieu)、康德(Kant)、亚当·斯密(Adam Smith)、洪堡(Humboldt)、康斯坦特(Constant)、约翰·斯图亚特·密尔(John Stuart Mill)、托克维尔(Tocqueville)等,他们在古典思想家中占有一席之地。然而尽管有不同的作者,对我现在的目标来说,最合理的原则不是去无必要地扩大体量,在论及思想相关问题时,至关重要的一直是两个领域:经济和政治。作为经济领域的理论,自由主义是市场经济的守护者;而在政治领域,坚持国家最小干预原则,即使是最小的国家亦是如此(也即缩减到最小需求)。

两种理论的内在联系显而易见。将国家干预减至最小的途径之一当然是在经济和商务活动中削弱政府的控制力,也就是说,使政治干预在经济事务中成为例外而不是成为规则。但是,这两个理论是彼此独立的,分别考虑更为有益。它们是独立的,因为国家有限干预理论不仅仅指经济学干预方面,也延伸到精神领域,即道德和宗教。从这一点来看,自由国家也是世俗国家(stato laico),即一个没有任何特定宗教派别的国家(也是没有具体的哲学世界观作为政治基础的国家,比如以马克思列宁主义为指导思想的国家),哪怕这个世俗国家在宗教和哲学上坚持不可知论,在经济领域也是干涉主义者。难以想象一个没有经济自由体的自由国度;同样难以想象民主政府存在于一个既不讲求自由也不基于自由市场的国家里。

无论是从理智上还是从法律上,一个拥有自由理念的国家最终都将得到认可,并随之设立基本的准则,这是国家和"非国家"(non-stato)之间的分水岭。所谓"非国家",我是指宗教社会、个体和群体的总体性的智识与道德生活以及文明社会(或者马克思意义上的生产关系领域)。自由国家形成的双轨过程中,一方面是政治摆脱宗教势力(世俗国家),另一方面是经济力量摆脱政治力(自由市场国家)。经过第一次的解放,国家不再是教会的世俗臂膀,而经由第二次解放,国家则成为商业和企业资产阶级的臂膀。自由国家通过承认民权来摆脱思想上的垄断,这最初是通过宗教自由和政治主张自由来实现的,又通过承认商业自由让出了对商业的控制，最终只保留了在立法上的绝对权力。立法实践受限于对人权和各种法规条例的认识，这些因素历史性地催生出了法治国家。立法也由法规所规范（这就是马克斯·韦伯所描述的法治国家），通过司法权力的垄断，国家确保了思想的自由，并由此保证了国家不被任何宗教的教派或正教所统治，同时保障财富的流通并终结了国家对经济的干预。政治和经济上的自由学说的特点是作为消极概念的国家，这与"非国家"的积极概念形成对照，国家只是实现个人终极目标的工具，个人在这个领域内通过与其他成员的交流互动来锤炼、发展和完善他们的个性。

我清楚地知道，除了经济和政治的自由主义，一般也会谈及伦理上的自由主义。但这只是另外两者的前提，且在这个语境中被认为是不言而喻的。伦理自由主义作为学说给予个体在道德价值观方面尊严，因此，个体自由存在积极自由和消极自由两种状态。经济自由和政治自由产生实际结果，并能与法律和宪法条例相统一。当我们讲自由主义或社会主义时，我们指的是思想的复杂性，这种复杂性涉及实际存在的组织和规范，特别是社会生活这一维度的组织和规范。由于人类总要生活在消耗品和资源有限的世界，个体自由总是受限于其他个体的自由；个体自由的道德前提作为极具启发的理想是有效的，但当它不愿总是抽象时，就必须符合具体情况。如此说来，自由主义的问题是作为经济和政治的方式学说，如何使得众多的自由要求得以共生且互不侵害；自由主义需要转化为实际行为规则的制定与应用，换句话说，它在召唤某种具体的特定的经济体系与政治体系。

对作为事实存在的社会主义的批判

对自由主义的双重坚持源于该问题的本质,我曾经就此做过探索。事实上,重燃对自由主义思想的兴趣取决于两方面:一方面是坚信自由市场经济的优势,反对采取干涉态度的国家;另一方面是坚守人权,反对任何新形式的专制独裁。

这两方面既互相独立又互相补充,它们与社会现实的两个不同领域相关联。但必须指出,我所关心的这两方面诉求针对两种已然存在的社会主义:第一是针对社会民主,第二是针对苏联主导的社会主义国家。从历史的角度来看,自由主义曾一度遭到放弃而形同死亡,它的重新发现可以解释为"**真**"自由主义(liberalismo reale)所展现的回归,从而在两个历史序列中反对"**真**"社会主义,也即催生福利国家的社会民主,和在苏联及其或多或少强加的效仿者中制造出新型非自由国家的共产主义。在19世纪,社会主义者对自由主义者抨击的基础来自理想社会与社会现实间的比较,这种比较通过勾勒假想中存在的未来社会所承诺的种种利益来展示现存社会的罪恶。但是,"一战"后甚至直至"二战"后,社会主义变成了现实,或经过漫长的过程成为现实,它现在就要在同样的层面被挑战,正如19世纪那些自由国家一样,也就是说,要靠实践(以及错误实践)而不是理论来吸引人。

直到几年前,所有政治自由主义都在集中批判斯大林主义肆意酿成的破坏人权行为。人权,作为第三等级反对绝对君主制的成果,被认为是资产阶级自身利益的保障,因而无法真正得到广泛支持(自此以后,即使在理论上也因其资产阶级起源而受到驳斥）。无法否认，这一斗争取得了一些成果，最主要的是"修正"（riveduto）共产主义的出现（从非马克思主义角度来看），这被称为欧式共产主义（eurocomunismo）。在过去的几年里，无论如何，经济自由主义问世了。它的目标不是共产党掌权的国家集体主义，而是福利国家，这也是社会民主实验。在某种程度上，对苏联体系的批判被认为理所当然。现在，激发新自由派的斗争热情是凯恩斯式政治的效应，他们认为这是灾难性的，但在社会民主党和劳动党的鼓动下，它往往在经济和政治方面先进的国家中实施。那些在传统上归因于绝对国家的恶习——官僚化、个人自由的丧失、资源浪费、经济效益差——如今成为采用社会民主和劳工形式政策政府的标记。对于新自由主义者来说，应该重新思考如何区分"好"社会主义和"坏"社会主义。有些人，凡是涉及社会主义，即使是稍微涉及（还有那些社会主义者不认为是社会主义的事物），都得全盘抛弃。相应地，有些不假思索的人会认为经济自由的权利必须从基本人权范畴中——事实上，它们源自"世界人权宣言"（La Dichiarazione universal dei diritti dell'uomo），其已在各种冲突性的诉求中找到妥协——剔除，如今这些想法的错误应该都得到验证。那些忠实地采用干涉主义政策，以创造一个福利国家为目标的政府，现在应该发现他们言行方式的不当之处。他们应该明白，如新自由主义者所看到的，没有经济自由就没有人身自由，正如冯·哈耶克（Von Hayek）的书名《通往奴役之路》（Verso la servitu）所示（此外，政治自由主义和经济自由主义牢不可破的联系是埃依那乌迪在20世纪20年代晚期与克罗齐那场著名争论中所捍卫的观点）。

　　面对如此强大的攻势，社会民主党遭受了更大的挫折。首

129 先,在东方政治集团的大规模集体主义失败之后,他们认为他们可以用坚实的实证论据应对左派攻击从而保卫自己,对抗他们做出的没有追求社会主义社会终极目标,而与资本主义妥协(modus vivendi)的指责。然而,最阴险的攻击来自右翼,因为右翼认为即使是福利国家也必然失败,换句话说,即使还没有失败,社会民主也会向着极权方向发展,哪怕它们声称不会屈服于独裁的诱惑,而这种诱惑是达成目标的捷径,共产主义作为目标可谓是亦敌亦友的存在。如此,社会民主派受到双面夹击。经常发生的是,有人试图平息双方冲突最终却引起双方的不满。多年来,对于现在的国家危机,我们已浏览无数资料,这些资料有据可查并引起越来越多的争论,并涉及资本主义国家伪装成福利国家以及把工人阶级虚伪地整合到跨国企业。现在,我们读到其他完全不同的资料,这些资料涉及面广且内容详尽,并谈及现在的国家危机,这些国家将自己描述为社会主义国家,是自由的,但是这些国家在社会正义(哈耶克声称无从得知这些究竟为何)的掩盖下破坏个人自由,将个人简化为由监护人引领着从生到死的个体,这对个体来说是一种窒息而不是养育,它是矛盾的,也是荒唐的。值得注意的是,这样模式的国家自认为是普遍意义上的民主国度,它们被新旧马克思主义谴责为资本主义者,同时却被新旧自由主义者谴责为社会主义者,这一现象如何来解释?有两种可能的解释:

130 这些措辞长期使用中的词义混乱;双方的批评者相互矛盾,因为事实上福利国家一直是(而且我认为今后许多年仍然是)一种妥协的解决方案,如同任何妥协方案一样,最终不为冲突双方所接受。

如果两个人从远处看见一个轮廓,其中一位认为那是一个人,另一位则认为那是一匹马,在确定答案前,没人能确定那是人还是马,那么,假定他们看到的是半人半马就是合理的(不过再想想,半人半马这种生物并不存在,故而他们都想错了)。

过程与复归过程

尤其对左派来说,采取放任主张的自由主义者对福利国家的批评是部分有效的,这就带来了一个有关历史哲学的奇怪问题。工人阶级运动起源于19世纪,受到历史进步性和确定性的保证。所谓进步性,是指历史的进程被认为是以如下方式展开的:每个新阶段与前一阶段相比,都代表了人类在从野蛮走向文明路途上的又一迈进;确定地说,在这样一种理性(或者说具有先见之明)的框架下,每个阶段都是人类历史的一部分,是随着历史的发展必然会出现的。在这种历史观的指导下,社会主义被认为是历史发展的新阶段,而引领工人阶级运动的政党,其必然的内在的进步性也从未受到任何质疑。

但是,究竟发生了什么?社会主义不管在哪里实现,其结果都难以解释为进步的历史进程。最多能被解释为发展中国家建立了自己的国家而已。这些国家没有达到目标,或者只取得了一半的成功,像福利国家一样,不仅在短期内无法看到实现另外一半的可能性,而且各种发展势头表明他们正在放弃已经取得的一半。那些声称具有普遍性(不是阶级的解放而是人类的解放)的期待,因资产阶级革命而遭遇挫折,成为人们争论的话题,招致不同的社会主义思想学派——尤其是马克思主义——对社会的批判。如果这是真实的,同样真实的还有,不管是整体还是部分,社会主义的结果让诸多期待落空，这动摇了对历史发展新进程的信念。这一历史进程目前还无人能够预测或勾勒，但诱惑已然不再。当那些冒险进入迷宫者（迷宫意象现在很时髦）注意到他们遇到死胡同时，他们就撤回自己的脚步，撤回脚步是因为他们意识到他们现在走上了正确的道路，放弃了错误的道路。在这种情况下，新自由主义经济学家才被理解：对他们来说，如果有必要，资本主义中的邪恶更少，因为在这个体制中，权力被广泛地分散了，每个个体的选择空间更加广泛。

以这种方式，历史进步论和决定论被循环论和非决定论（基于试验及其错误）所替代，在后者中，一旦周期完成就又从头开始。这种回归起始可被归入"复归"（restaurazione）的史学范畴。正是在"复归"时期，自由主义经历了它思维活跃的黄金时代（克罗齐称之为"自由的宗教"时期）。如今的"复归"说起来是不成熟的。面对诸如撒切尔和里根的复归政府，我们只能说**"走着瞧"**（Respice finem）。除此之外，复归的概念前提是一个非常简单的历史二元论，由积极阶段或消极阶段的单一选择构成。从一种更复杂的历史观——它也更准确地反映历史发展的现实——来看，存在将新自由主义阐释为第三阶段的趋势，辩证地说是否定之否定，在此阶段中第二阶段一切积极事物都不会丧失。新一代的经济学家断言，他们被理解的原因是他们不否认需求的存在、需求是福利社会的起始点、对更广泛的平等的需求、对战胜匮乏的需求，等等，他们排斥的是满足这些需求的方法，并在他们的立场上提出替代方案，如实施负所得税或发行服务券。

走着瞧。无论在经济还是政治上，自由主义信奉的都是最小国家:国家是一种必要之恶,并且一直如此。没有国家也是行不通的,因此处于无政府状态不予以考虑;但是社会领域一旦陷入政治权力的陷阱(把人投入监狱的权力),就应该最大程度去削弱。与通常判断的相反,自由国家的对立面不是绝对国家,如果绝对国家意味着元首权力没有被代表大会控制,权力自上而下层层传递。绝对国家的对立面是民主国家,或者更准确地说是代议制国家,通过政治权利的步步延展来实现普选,逐渐地将自身转化为民主国家;自由国家的对立面是家长式国家(lo stato paternalistico),其治下的臣民如永远长不大的孩子,要为他们提供幸福。对这种家长模式的拒绝在最经典的自由主义思想家洛克、康德、洪堡,当然还包括亚当·斯密那里都有足够清晰的阐述。如此说来,上述这些自由主义者都不能归于民主作家之列。同理,也不能把卢梭看成是自由主义理论家。早期的自由主义者激烈批判的国家形态是"Wohlfahrtsstaat",或者用另一个词来说——福利国家。当然,倡导"福利"的早期改革者数量很小,无法与现代民主制度下的人数相比。但在早期的自由主义作家笔下,关于这个词的争议和当代的自由主义者没有太大差别。当代自由主义坚持认为:最好的福利是个体能够在确保自身安全的情况下自由追求自身利益。正如我前面引述了历史哲学一样,闯入我脑海的是维柯的"过程"(corsi)和"复归过程"(recosi)的概念。最小国家部分起源于开明君主对家长式国家的反对。福利国家受到严厉批评,认为是将自由公民降格为受保护的臣民,最小国家现在可能再次反对福利国家,换言之,是反对新的家长制。

政治市场

然而,如今的家长式国家并非来自开明专制,而是基于民主政府,这是最本质和最关键的差异。这种决定性差异源自启蒙主义自由学说要同时展开对家长制和专制主义的斗争,从而推进了两项事业:将市民社会从政治权力中解放出来(我们今天称之为将市场从国家中解放出来)与建立代议制国家(保证议会与君主制相对抗)。但是,今天这种两面作战将不可避免地导致民主的终结(与此相关的早期症状已经存在了)。

人们普遍认为福利国家这种畸形发展毫无疑问与民主的进程紧密相关。据说,不断被重复到成为陈腔滥调的是:发达社会中人们对于政府的过度需求带来"超负荷",这是政府无法行使政府功能的原因之一。超负荷成为民主政体的一个特征,人们聚集、合作且组织起来,让他们的声音可以上达到对他们关注的事物有决定权的群体中,然后他们可以定期选出他们认为最好的人占据那个位置,以保护自己的利益。"服务型国家"如此这般变得官僚化了,要对由下而上的合理要求做出回应,事后认识到问题的人们对此做出了批评。现在人们意识到这种倡议所产生的果子是有毒的。但我们应该明白的是,这种树只有产生这种果实的能力。就我个人来说,我不相信这些(因此,我不认为应该将树连根拔起)。或许某些国家的社会民主党派促成了这种状况的过度发展,但这种现象是普遍的。福利国家成为当下诸多猛烈炮轰的目标,尤其是在美国,但它从没有社会民主党。在意大利,福利社会在由中产阶级掌控的政府和基督教民主统治的阴影里发展起来。当政治权利只被授予财富所有者时,国家的主要诉求自然是保护财产所有权和契约效力。一旦政治权利扩展至穷人和文盲手里,那些掌权者除了使他们自己成为人民代表(某种程度上过去也是),自然会被要求提供工作,为无力工作者提供所需,提供免费教育,随着时间的不断推移(为什么不?)提供廉价居所、医疗服务,等等。我们的宪法不是社会主义宪法,但所有这些要求被认为是这个世上最自然不过的要求,它们最终被转化为权利。

这种民主进程与福利国家发展之间的联系,如果不仅仅从被统治者(即那些对国家提出要求的人)的角度来看,也从统治者(即那些不得不对要求做出反应的人)的立场去看,结论是相同的。对经济学家来说,首要的是我们应该去发现和推敲民主制度与市场之间的相似性。考虑到有不少似是而非的并行元素和次要区别牵涉其中,我们必须小心对待这种类比。马克斯·韦伯思想的许多看法被熊彼特(Schumpeter)继承、发展并使之普及,与企业家相比,政治领袖的优势在于权力,他的权力取决于选票,他的选票取决于他满足选民要求的能力,而他的能力取决于他能调动多少公共资源。公民通过国家获取自己所好的兴趣与那些政客——不管是当选者还是参加选举的——试图赋予他们的兴趣是吻合的。这两者之间关系是**以物换物**(*do ut des*):一方通过投票授予权力;另一方通过获得并行使权力来分配利益、消除异己。毫无疑问,正如在经济领域一样,并非每个人的愿望都能得到满足,政治领域的情况可能更严重一些。如同在商业上一样,政治家的精明中包含了评估公众品味的能力,如果可能甚至要去操控这些品味。正如商业领域有顺风顺水者与一败涂地者,政治领域也有赢家和输家。但事实上,政治领域是根据宪法民主制度的基本规则来运行的,这就给予每个人发言权,允许他们去运作和彰显自身存在,提升自身表现,以努力来获得掌声。

如果说自由主义的核心原则是最小国家理论,但民主制度毕竟是自由主义的历史结果,或至少是其历史的延展(并非所有起初是自由主义的国家都转变为民主国家,所有现存民主国家也并非都源于自由主义),民主制度的具体实践带来的即便不是极权政治的最大国家,也不是最小国家。

政治市场——如果我们坚持使用这个类比——已将自己置于经济市场之上,其结果是为之纠偏还是随之堕落就取决于你如何看待这一切。那么,基本问题就是能否像新自由主义者所坚持的在不改革政治市场的同时重返经济市场,或者干脆完全消灭它。如果它不能被消灭,其活动范围也势必减小。这些新自由主义者的政治主张均指向此,他们的逻辑框架是国家权力边界的古典法则,在他们看来,在民主体制中无须考虑是否有国家权力存在,关键在于是人民的权力而不是独裁者的权力。

自由主义和民主是否相容?

我无意讨论新自由主义政策的优点,因为这个问题在过去的几年已被广泛讨论过。① 我试图强调的事实是,尽管民主至少在过去一个世纪以来被认为是自由主义的自然进程,但一旦民主发

---

① 我特别注意到发表在 1981 年 *Mondoperia* 第 4 期上讨论福利国家危机的一组文章,包括 G. Ruffolo 的附言《新自由主义与新社会主义》(*Neo-liberalismo e neo-socialismo*),第 68—71 页。

展到它逻辑上的极限,亦即大众民主(la democrazia di massa),更准确地说,民主成为大政党民主(la democrazia dei partiti di massa),从而推动福利国家产生时,这两种意识形态就不再相容。如果在理论上用于约束国家的堤坝一旦开裂,那就不得不承认,普选权所释放的广泛政治参与将如洪水猛兽般展开扫荡摧毁。人们经常说起的凯恩斯主义经济策略试图在不抛弃民主的情况下拯救资本主义,所以它拒绝了两个对立的解决方案,即通过牺牲民主来消灭资本主义(实践中的列宁主义)或者消灭民主来保护资本主义(法西斯主义)。现在我们可以这么讲,对新一代的自由主义来说,问题正好相反,保留(如果可能就尽最大努力)民主而不牺牲资本主义。20世纪30年代的经济大萧条时代,当时看起来似乎是资本主义促成了民主的危机,现在似乎是民主促成了资本主义的危机。

我更乐意于通过术语而不是通过"国家与市场"的关系来建构问题。我不愿采用这一说法,因为"国家"的含义极为含糊,它有各种不同的形式。在当下某些左派圈子的固化语言里,谈论"国家形态"(forma stato)成了时髦,还有"政党形态",仿佛所有的国家形式都相同,所有的政党也一样。"国家形态""政党形态"只是用来掩盖(我不是说蓄意地)一个事实:即行使政治权力的方式不一,必须切实做出选择,而不是采取纸上谈兵或者半途而废的无政府主义(同样需要做出决定的,还有支持哪个政党的方案)。可以说起国家就如同说市场经济,它是社会控制的一种形式。但社会控制尤其在民主国家是不同于专制国家的。这就说明一个事实,最近人们争议的不是国家和市场之间的普遍关系,而是市场和民主国家之间——或者还有经济市场与政治市场之间——的特殊关系。追求利润最大化的企业家和通过赢得支持来追求权力最大化的政治人物之间存在差异,福利国家的危机也是这种差异的结果,这方面不管是自由主义者、马克思主义者,还是真正的民主支持者,先前都缺乏足够的考虑。双方在追求自己的利益时,就会产生冲突,这在如今关于民主治理难题的争议中清楚地展现出来,在有些社会发生政治竞赛的领域可以比拟为市场领域。更重要的是,这里没有看不见的手从中斡旋和协调利益,尽管他们也希望有。新自由主义的主张可以简缩为:保留生意人指甲刀的锋利,同时剪短政客的指甲,以此来维持二者之间的张力。简而言之,对于新自由主义者来说,民主是不可治理的,它不仅关系到投票大众——他们制造了无法满足的过多要求,也关系到掌权者——他们被迫迎合大多数求得他们企业(政党)的繁荣。

通过考察历史发展(或衰退),人们能够对当前自由主义的复兴做出总结:自由主义昔日反对的是集体主义版本(这无论如何是最可信的)的社会主义,并把它视作天然的对手;过去的几年里,自由主义炮口直接对准的是福利国家,也即反对掺水版本的社会主义(从左翼角度看,这也是种歪曲);如今自由主义攻击的主要目标是简单而纯粹的民主。这是一个巨大的陷阱。不但让福利国家身处险境,换句话说,就是让工人运动和发达资本主义之间达成历史性的妥协;民主自身也岌岌可危,即让另外的重要历史性的妥协发生在有产阶级的传统特权和组织起来的劳动者的世界之间,后者直接或间接促成现代民主的出现(通过普选权与大众政党的形成,等等)。

这个复杂的问题也可以通过如下术语来呈现:最小国家/最

大国家的对立,这是论战经常涉及的内容,不能与强国/弱国的对立相混淆。这两组对立有关联但不必然重叠。新自由主义对福利国家的指控,不仅在于其违背了最小国家原则,还在于它发展为一个再也无法履行自己正常功能的国家,无法(在弱国)实施统治。因此,新自由主义的理想是成为一个最小的强国,顺便说一句,这两种对立不能等同的事实不断被意大利人阐述出来,因为在他们眼前存在的是一个最大的弱国。

第六章
当前探讨的契约与契约主义

Contratto e contrattualismo nel dibatito attuale

再议政治市场

亨利·萨姆奈·梅因(Henry Summer Maine)认为从古至今的社会演变经历了"从身份(status)到契约(contractus)"的过程,他针对的基本是私法领域。① 商业社会的发展期介于斯宾塞(Spencer)定义的军事社会和工业社会之间,它以国家为代价,开启了文明社会的扩张和繁荣。换句话说,立足于平等个体之间的私人关系领域的发展是以牺牲公共关系为代价的,而后者基于社会中的部分人拥有高于其他人的地位和权力这一事实。国家作为曾在历史上实施独一无二且不可抗拒的权力的实体趋向了衰弱,但并不是说它消失了。

国家并没有消失,它在事实上扩展了势力范围,像八爪鱼那样,将成千上万的触角伸向不同的领域。不管怎样,契约的说法

---

① 当前讨论中关于契约主义和新契约主义的基础文本是梅因(H. J. S. Maine)的著作《古代法》(*Ancient Law*, 1861),他书中将从身份社会到契约社会的变化视为家庭关系的解体与个人主义兴起的过程,并对不切实际的社会契约理论展开批评。波洛克(Frederick Pollock)的评论认为梅因的观点只关涉到财产法、私法。参见波洛克主编的《古代法》(*Ancient Law*, Boston:Beacon Press,1963, p. 422)。

得以流传（与之相连的是一长串或先于它或后于它，以及用来替代它的说法），政治理论家在分析国际范围内切实存在的各种关系时越来越多地使用它。这里涉及政治交易，可类比于商业交易（私人领域关系的症候式现象，一贯被认为外在于公共领域，且与之相对），还有就是政治市场。他们谈及交换选票，这与传统的意见选票不同，似乎选票也是一种商品，可以通过付费、做出可兑现的承诺、"等价"（corrispettivo di un prezzo）交换（我特地使用了意大利民法第一千四百二十条所表述的关于买卖契约的定义）来获得。这是政治家（熊彼特将他们等同于企业家是有道理的）利用手中持有——或者他认为自己持有——的资源来进行运作。此外，以多元论者为特征的大利益集团或权力集团与由资本主义民主发展而来的多元社会形成了更为普遍的联系，后者存在于政治阶级与公民、统治者和被统治者的个人或个人化关系之上。在意大利及其他地方，政治科学家酝酿出用于交换关系的术语，来与权力关系相对，并认为通过议价、交易、谈判、妥协、确认和同意来解决冲突，至少在涉及社会冲突（工会）和政治冲突（党派）时，以"社会契约"或者"政治契约"来终结，如果是宪法改革，那就需要"国家契约"。在意大利政治中，广泛存在所谓排斥公约（conventio ad excludendum），一些党派达成共识（当然是心照不宣地），坚决不让其他党派进入政治联盟。在这种观念引导下，某些党派甚至去讨论重构政治共识的宪法基础的可能性，他们使用的术语是规定性的而不再是描述性的，或者是谨慎而有倾向性的。他们因此想象一种社会契约的新类型，并由此重燃旧日思想：认为政治社会应当起源于至少是正式的平等的个人之间的自愿认同。这种想法在自然法理论带来的危机之后，受到历史主义和功利主义的影响,曾经声名狼藉。

主权国家的危机

不将不同的事物混为一谈,自然是重要的。我会在接下来说到一些重要限定。不过现在我只是想指出:所有传统上用来描述在国家管辖权之下的私人利益领域(连同位于国家管辖权之上的国际关系领域)的契约术语都暗示着公法领域的概念化过程定位在私法与国际法之间;自从国家以现代形式出现,那些与公法极为不协调的事物就在主流政治司法理论中孕育。我强调概念化的过程,是因为现代国家理论核心就是法律,而非私下共识,它也是监管人际关系法则的基本来源。从这方面说,它与契约的概念明显不同,契约的效力是法律给予的,只有在法律限定的范围内才生效(契约只会在平等的主权国家之间以协议的形式再出现)。

即使在协议最初达成的国家里,**臣服/统治契约**(pactum subi-ectionis o dominationis)(如果不谈形式和效果的话,卢梭的社会契约也同样是一系列服从协议)的客体需授权给代理人——无论是天生的(国王)还是人们推举出来的(议会),通过规范将整个社区联结在一起来实施其意志,这被称为法律。协议的契约方可能一方是人民,另一方是君主(这又牵涉进双边契约),或者是多方个体之间达成协议后遵从一个主权体系(形成多边契约,说更好听些就是集体主义行动)。在这两种情况下,社会契约都作为共存体系的基础,它原先的关于权利及社会关系的规定原则,一旦完成最初的使命,就不再担当平等个体之间的约束,从而交由法律来制定这些从属关系。立法权将君主变为主权者,将一盘散沙的社会变为凝结成整体的国家。从希腊城邦到现代国家，政治共同体的观念始终与整体性的思想密不可分，相对于自然状态，它凝结起了彼此之间存在永恒矛盾的各个部分。是法律确保它们成为整体，而制定法律——立法（condere leges）——的权力又属于主权。

但我们处理的还只是"想象"，实际的政治生活非常不同。政治生活在一系列从未得到切实解决的矛盾中展开，往往是靠一些被称为章程的临时协定、停火协议或者持久一些的和平条约，来暂时缓解冲突。那些如社会阶层与君主、议会与皇室这样在现代社会丝毫没有减弱的传统矛盾，很好地印证了"想象"与"现实"的对立；在同一时期，国家学说也在一些政治思想家和公共法理论家——从博丹（Bodin）到卢梭、从霍布斯到黑格尔——的著作里得以成形，这些学说都构建在主权的概念、权力的统一及立法权的首要地位之上。但是这样的政治学说难免有规范和诠释的色彩，哪怕它们将自己表述为对事实的理解和阐释，这依旧是关于应当怎样的构想。正因如此，有时学说替代了现实，迫使它、改编它、简化它去成为一个简洁、统一和连贯的体系。既然政治学说背后的驱动力往往不仅仅是学术的热情，还有改变现实的梦想和冲动，这可能影响到现实中变革的延后发生，或者通过叙述歪曲来变革。至今国家学说仍旧盛行的一大特征就是承认公共法的首要地位，这就导致了无法根据私法的传统范畴来理解归入公法之下的状况。黑格尔就此举过一个很好的范例。他认为私法的主要范畴——财产与契约——不足以用来理解公法的全部现实，因为公共法是管束整个组织的，但私法关心的是那些受司法约束但仍保持独立平等的个体之间矛盾的解决。他既没有看到这些法律给出令人信服的正当性,说明国家最高权威有对其公民的生杀大权,有权严禁公民像在其他社会一样可以自由离开(即使是那些已经达到法定年龄的家庭);他也没有看到这些法律范畴成为政治哲学的坚实基础,整个世界不仅是"原子粒的世界",而且还是完整的有机体,分子与分子之间相互作用,继而发挥出整体的作用。① 同理,私法与公共法之间的关系也是如此:一个社会如果完全可以被私法范畴囊括,如中世纪,那么它离衰落也不远了。因此,对黑格尔来说,神圣罗马帝国已不是国家,因为贵族与帝国之间、贵族们彼此之间,本应受公共法的制约,而事实上像是私法在处理关系(家庭与财产关系)。

作为历史范畴的特殊主义

我特地以中世纪的情况作为参考。尤其是在"一战"后,集中、同质、有机的传统国家模式与碎片化的社会现实之间的鸿沟日益明显。社会分裂成多个敌对派系,为了政治优势你争我夺,会暂时熄火但没有持久的和平方案,这些让人们变得念旧,关于中世纪的话题又重新回来了。至少,在一些倾向右翼的政治记者当中是如此,在他们的那些混乱而流行的国家学说看来:那些现代民主国家在形成过程中所经历的堕落年代,是正常的或者会变为正常的,而唯一的选择就是走向专制政权(今天看来,之后确实

---

① 关于这个话题,我在文章《黑格尔著作中的私法与公法》(*Diritto private e diritto pibblico in Hegel*)中有更充分讨论,收入 *Studi hegeliani*(Turin:Einaudi,1981),第 85−114 页。

发生了这样的事)。但要更深刻地理解不和谐是国家事务中的常态,别让流行的国家学说迷惑,它在公法和私法之间进行了刻板的分割,用满是怀疑的眼光看待多元政治这一不可阻挡的历史潮流。当积极公民数量由于普选而增加,越来越多强有力的工会组织和大众政党出现,并加强斗争来巩固成果之时,上述学说的追随者却无视这些成绩,把这个社会发展阶段视为对凌驾于个人之上的整齐划一的集体国家的回归。这种对多元力量的焦虑和担忧最终化为对民主的激烈批评,这与帕累托(Pareto)和卡尔·施米特做出的大不一样。

147 这样的回应在今天仍具很大的诱惑力:不管隶属哪个思想流派,当代政治评论家的一大显著特征就是对个体权益斗争的悲悯,以及对"特殊主义"(作为类型的特殊主义,连同它行会与小集团化的具体表现,在整个政治思想史中都具负面内涵)的谴责。结果就造成了对集体和国家利益的倾斜。其实在任何情况下,除了说它们是社会群体的利益之外,人们都无法对此有清晰的定义。最后还有重要的一点,他们主张当特殊利益置于普遍利益之上,"私"凌驾于"公",依照传统学说建立起的国家,就会丧失其井然有序的整体性,而变成一个事务堆积的混合体(将石堆作为事物有机整体的对立面,这一隐喻出自黑格尔)。不可否认,倘若看得更细些,我们每天所面对的社会和政治生活是如此丰富多元,这就很难拿公法为基础的模式——它们由19世纪承自博丹到韦伯,直至凯尔森(Kelsen)的国家学说而来——去套用。人们往往会将思维停留在**"赞美过去的时代"**(laudatio temporis acti)的状态以寻求庇护,怀念从未存在的往日,渴求着复归(这不可能发生,除非为了倒掉"特殊主义"的洗澡水而将"民主"的婴儿一起泼出去,婴儿还有待成长,其命运不是死亡就是与多元主义共生)。一位知名法国学者,创造了一个词来形容这个分裂、脱节、破碎且无法再重回昔日统一体的现代社会(这恰恰是其他一些人描述的单一整体社会,由此可见我们的社会已变得多么复杂与不可思议)。这个词是"mérécratie",意为碎片化的政体(crazia)(如同很多带有 crazia 的政治术语一样含有贬义)①。除此之外,我们广泛使用的"党派政体"(partitocrazia)一词,是由朱塞佩·马拉尼尼(Giuseppe Maranini)在党派活动在意大利过度发展并受到批评时创造出来的,与"碎片化政体"相比,虽不尽相同,不如它有涵盖力,但是不是更有针对性?"党派政体"这个词,如果不是指部分压倒了整体,或者说特殊主义的永恒力量占据了当代形式,那还指什么?

但是哀歌绝非分析诊断,谈不上任何帮助。正式的宪法是一回事,但事实上的宪法,或法学家所说的实质宪法,是另外一回事,后者才是我们要应对的。一位美国伟大律师的名言是:法律由律师说了算。解释一下,或许我们可以说法律章程是由政治力量制定的:需要时他们首先制定,使用时又一而再地自由修改与制定(比法官运用法律还来得自由)。在民主社会,政治力量就是有组织的政党:先有计划地取得选票,而后再步步为营获取更多,也正是他们为了得到公众支持频频示好。特定时期内,政治体系中的合法性也由他们决定。意大利宪法第四十九条意义重大,它规定政治党派是法律允许的:这完全是多余的话,因为哪怕花再多的笔墨来证实,党派所做的也远不止被允许的那些。党派是必要的,这也正是它们的力量所在。

---

① 博林(R. Polin):*La liberté de notre temps*,Paris:Vrin,1977,p. 216。

大市场

如果不单有党派这一民主**必不可少的条件**(conditio sine qua non),尤其是它们像在意大利一样数目众多时,那么事务管理的逻辑就是私法下的协定逻辑,而不是公法下的权力关系逻辑。意大利宪法中找不到这种契约逻辑的痕迹:宪法处理的是法律如何形成,但协定(双边或多边契约)的生成却归属在民法之下。然而,要理解宪法的发展变化和细微变迁,还是不太可能的,除非了解党派联合协定的错综复杂以及那些被它们排挤的事物。在宪法章程中,政府的形成(第九十二条之前)被定义为权力关系典型的一系列单边行为的结果:由国家总统来任命议长;议长决定大臣,并继而将他们的名单提交总统;当两院正式授予政府权力,政府就开始运作,当选民以不信任票收回信任,政府也就轰然倒塌。这一系列单边行为掩盖了表象之下的事实,也就是说,那些费尽心思而最终达成的交易、安排与协定的约束力还是取决于**以物换物**(do ut des)的原则。一个政府倒台,可能是因为政党领袖将他的部长从联合政府撤了职,如果从宪法对政府行为的约束条款上看,这是一种失常行为。但从适用于任何协定的书面和非书面规则来看,它并不失常,因为协定的基本原则就是,当约定的一方没有能够完成它应尽的职责时,另一方有可能撤回协议。是不是一方同意而另一方不同意某个国会议案?如果真是这样,一方后来不同意,或者是不同意之前约定的方式,那么协定作废,另一方当然有权单方取消。批评者可以将之炮轰为丑闻而喊得面红耳赤:旁观者想要搞清楚到底发生什么情况,必须认清事实,民主的公法的基本原则让步于私法的基本原则,前者规定只有大多数人反对,政府才能被推翻,而后者强调协定必须得到尊重。当危机的发生与新政府的成立相关,习惯上就要启动臭名昭著的第九十二条第二段,它规定将内阁成员名单交给议长是共和国总统的职责。而事实上,这一条从未真正得到实施,因为来自各党派或者同一党派内部的内阁成员的分配,以及特殊部门的人员安排,都已根据各党派之前的约定,早就敲定了。他们再次证明自身大于宪法。根据各种法律之间本身存在的等级关系,契约必须遵从法律便成了最根本的原则(虽然这是由于契约形成于私法)。就此而言,相反的情况正在发生:议长必须在各党派约定的权限下行使权力,以至于有人将琴切尼指南(*Manuale Cencelli*)①视作意大利秩序的基础。

的确,政治约定不像私人约定或者国际约定那样可以通过法律来约束,因而显得有点不正式。但在像意大利这样的联合执政的政府中,一个、两个、三个、四个乃至多个党派结成同盟时,总会将另外的一些政党排除在权力之外,这似乎成为一个通行的约定。如果有人愿意去搜集一下这些实际数据,可能会写一本像契约的私法与国际法一样的契约宪法。据我所知,到目前为止还没

---

① 琴切尼(Cencelli)是意大利基督教民主党新闻官阿多佛·萨日提(Adolfo Sarti)的私人秘书,"琴切尼指南"按照协定数量提出了一套换算方法来安排自国家总理而下的各类政府职位以及牵涉到选举与议会势力的各政党的党内党外职位。虽然不断地遭到批评和反对,但自20世纪60年代前期起,琴切尼指南就成为大多数情况下联盟协定的基础,当时成立的意大利政党联盟政府在职位分配上就以此为依据。

有人这么做过。不说其他,这样去做就会发现,契约法(或者国际协定)的很多条文,同样适用于政治协定的制定、修改和取消。它们可以关乎基本情况,可以是普通原则,也可以是约定必须去除的一些陋习,或者是取消契约的理由。

绑定的授权就是宪法在理论与实际之间的差距的最好例证,它清楚地说明了特殊主义是如何在有机整体的原则上获得政治优势的。尽管自美国和法国革命后,对捆绑授权的否决权就成了代议制民主的主要规定[1],但它在实践中难以操作。那些政治理论家和公法专家最典型的论点是:代表被选举出来,成为民主国家主权机构议会的成员,必须自由行使他们的授权去满足个人与集团利益,而不受选民要求的制约。他们之所以持这一观点,是为了保卫国家权力的完整性(无论是君主还是人民,主权是其保证),反对表现为既得利益的"特殊主义"。代表选民的方式有两种:一种是通过授权,代表就如同被委托者,倾力传达其所代表人群的要求;另一种就是代议,议员们一经选出,就不再依附他们的推选者(只作为整体的一部分),而是可以自由地决定维护何种利益。他们这么做基于如下认识:选民,**作为个体**(*uti singuli*)授权给他们管理监督集体利益,并且以个体利益服从集体利益为前提。从授权到代议的路径可被解释为从私法基础上的授权概念到以公法为基础的概念的过渡。在前者那里,被授权者以授权者的名

---

[1] 关于针对必要授权的否决权之历史,我曾大量使用过的信息和评论来自维尔兰特(P. Violante)的著作《代表制的空间》(*Lo Spazio della rappresentanza*),Palermo:Mozzone,1981,pp. 29 et seq(脚注 p. 95),131 et seq,146 et seq。

义活动并代表授权者的利益。如果他们不在授权范围内活动,授权会被撤回;在后者那里,选民和所选代表之间的关系不再被认为是契约式协定,因为双方都承担着公共职能,他们之间的关系是授权仪式化的典型,权力在那里被授予公职人士,由他为了公共利益行使权力。

但如今是否有人切实地思索过议会决议是如何做出的——在那里议员们不得不服从政党要求(如果他们拒绝,不见得是为了捍卫国家利益而舍弃既得利益,而是因为他们符合压力团体的期待,这些团体在某些方面更代表着特殊利益而非政党)。必须承认,那些庄严的声明,诸如宪法第六十七条说的"议会的每位成员都代表国家",听起来即使不觉得荒唐,也觉得空洞。议会的每位成员首先代表的是他自己的党派,正如国家由诸多产业组成,代表们主要代表着各自的产业利益。我这么说,并非想在现代早期的"阶层等级"和当代政治党派之间划上时代错乱的平行线,只是想强调,要想超越部分去讲述国家理念是多么困难,即使政治主题不再是群体、资产和维护他们特殊利益的命令,而是民主社会中被给予信任的有公职的个体。困难源自社会的不公不均,卢梭曾试图将这些从他设想的共和政体中驱逐出去是可以理解的,因为有些人总是以部分利益为先。随着民主的到来,这些不公不均没有消失反而呈现增长。民主自身发展使得党派林立,同时工业社会中以经济权力集中为特征的大型组织出现,进一步维护经济利益。那些准主权精英(potentati quasi sovrani)构成了当代社会的权力网络,不断地进行着磋商交涉。政府作为传统意义上"主权"的代名词,在其中本应高人一头,但也不过是众多权力精英之一,未必是最强的那个。

小市场

如果各党派之间的契约构成了大市场(grande mercato),那么政党与公民之间的议价则构成了小市场(piccolo mercato)。在我们当下谈及的政治市场中(设想中最优秀的那种),公民可以凭借选民的身份成为委托人,对其承担的政治责任做投资。公共性的关系由此再次变为某种私人关系。这种由最初的公共形式变为私人形式源于早前就已纳入考虑范围的相同现象,其实就是,政党要有能力牢牢控制其代表,遵守其候选人对全体选民做出的承诺。这种从选民转变为委托人的情况,只有在无限制的授权转为限制性的授权时,才成为可能。这两者密不可分,都是国家作为有机整体分崩离析的体现,而整体性恰是现代国家学说的核心内容和意识形态(更作为意识形态,而非理论)。同时,它们也体现出现代民主得以发生的个人主义原则遭到了侵蚀,民主的基本原则是基于一人一票(男女同等)之上的少数服从多数。

毋庸置疑,现代民主起源于原子化的个人主义的社会理念(个人主义本身如何产生这一问题更难有答案,自称为开创者的人实在太多太杂)。此外,无须怀疑代议制民主起源于这样一个前提(即便有误),那就是个体一旦被授以推举代表的社会功能,他们就倾向于选出"最好的"。《联邦党人文集》(The Federalist Papers)中有麦迪逊(Madison)的一封信,其中一段我每次念给学生听时,都让人欣喜。他提到代议制民主的好处之一就是选出的公民团体足够明智,能很清楚地认识到什么是国家利益,不会因暂时或局部的考虑而折损爱国心与正义感。① 但这个前提还是有误的,因为当人们被召集来选举代表时,面对那些对保护他们利益给出了最佳承诺的个人和团体,他们不可能拒绝。这样的幻想实在牢不可破,人们很难去说服自己还有其他可能。关于党派成员的古老定义是**政见相同**(Idem sentire de re publica),这一定义本身也鼓励了这种误解,谁只要选择这样的党派,那么他就是选择了此党派所代表的方针宣言,这在今天被称作意见选票(voto di opinione)。在一个大众社会里,意见选票变得越来越稀有和遥远。我甚至可以这样说:现代选举中,真正的意见存在于那些不参与投票的人之中,因为他们逐渐意识到,或者这样认为,选举只不过是为了避免引起麻烦走一下形式,即使不参与也不会产生危害,就像每周日去教堂做礼拜一样,归根到底,就是拖延一下时间。这一观点或许受到争议、饱受诟病、遭人鄙弃,但并非空穴来风。相反,随着选民越来越心照不宣,政党越来越精明,交换选票(voto di scambio)也在不断上升。另外,人们也无法解释发生在眼前的状况,像意大利这样的多党制之下,诸如社会民主党这样的小党派(举例来说,代表那些靠补助金生活的人群)就转型或降格为小的影响力团体,而较大的合成性党派,如基督教民主党,则成了不同

---

① 《联邦党人文集》(Il federalist),Bologna:Il Mulino,1980,p.96。(中译参见汉密尔顿、杰伊、麦迪逊著,程逢如、在汉、舒逊译的《联邦党人文集》:"一方面是通过某个选定的公民团体,使公众意见得到提炼和扩大,因为公民的智慧最能辨别国家的真正利益,而他们的爱国心和对正义的热爱似乎不会为暂时的或局部的考虑而牺牲国家",北京:商务印书馆,2015,第57页。——译注)

的影响力团体和游说团体的综合体。

认同需要以政治资源来交换,这是政治契约的特性所在,选民利益和政党利益由此达成一致。政党的实力以其获得的选票数来衡量。在这个由政党和选民共同创造的物物交换的小市场上,政党掌握的选票越多,他们在由各党派彼此间协调抗衡所构成的大市场上讨价还价的能力就越强。不过,在那个大市场里,政党需要考虑的不仅是衡量选票数量,还有在这个联合体制中有策略地选取位置。为了要形成多数战胜少数的局面,一个小政党的地位会变得举足轻重,就像是意大利社会党(PSI),它在国家层面上掌握着右翼联盟的权力平衡,在地方层面上它又往往在左翼联盟中发挥着这一作用。

政治市场与民主

不管你喜欢与否,政治市场在某种意义上即统治者与被统治者之间的关系由交换原则主宰,它是民主政治的基本特征。这里的民主,当然不是卢梭构想的民主,也不是指那些把参与程度的增长当作包治百病的灵药(管控者的参与,也许并不是他们自身处于管控之下的管控者)的人所认为的民主,而是指已经存在的、受惠于生产者和消费者之间(以及反之,消费者和权力者之间)持续不断交换的民主政治。一句话,拥有权力就是拥有了奖惩的能力,也就是说,通过可以兑现的承诺(奖励措施),或者可以执行的威胁(惩罚措施),从别人那里获得了所期望的行动。传统社会里的大部分民众都是顺从的,无足轻重,也没有能力去干预立法,所以单单实施惩罚的权力就足以让大多数人变得无知、贫穷,不是公民,更谈不上政治权利了。但是,民主社会不是这样。在民主社会,绝大多数公民通过行使投票权积极介入作为一个整体的立法系统,维护宪法并支持具体实施的政党;即便有人放弃行使选举权,"沉默即同意"的原则(至今还没有人意识到政治冷感是民主的一大威胁)就会在这种情况下生效。最为重要的是,在各种政治力量角逐的同时,选票的分布干预了政府管理权力的分配。在民主体制内,权力自然不能单靠大棒政策来维持,胡萝卜同样必要(作为一种市场操作方式)。即使不谈上述比喻,通过投票箱来表达赞同也是推动良性转变的有力途径,同时良性转变具有带动作用。双方乐意互惠互利是双边契约的基础。在民主国家的政治市场中,有多少选民就有多少双边协定。在这些协定里,选民所给的是选票,而被选代表提供的回报是让其获利(以利益或者服务的形式)或减轻乃至免除负担。

律师们将双边和多边协定区分得很清楚。小市场中的协定多属于双边,而大的市场中政治家之间的协定则属于多边。在双边协定中,契约双方的角色分配非常明显(都有特定名称):买方/卖方、承租人/出租人、寄存人/保管人、贷方/借方,在政治交易中则是代表/被代表;在多边关系中,所有各方都扮演了同一个角色,即合作者。在双边关系中,双方虽目标不同但利益相通,从而产生了交易;而在多边契约中,各方利益不同但目标一致,即为了社会的统一。在政治交易中,双方的职责是比较明确的(保护一致性),在更大市场中的协定,催生了政府联盟(在野党联盟比较稀少),普遍的共同目标就是组成政府进行统治,但在更具体的层面,目标就变得复杂多样了,要说清楚也很难,强行追究也没有意义。最多可以区分哪些是真正的政府协定(条款关涉到与经济、社会及公共指令有关的一系列具体问题,并构成政府工作计划),哪些是影子政府左右的协定,后者与责任及岗位的公平分配密切相关。极有可能因为这些协定涵盖了广泛多样的议题,也就有随时破裂或被单方面取消的可能,或经同意后再重新修改制定,特别是在合作者又多又好争吵的情况下——就像意大利政治体制。而且,必须早早注意到各个小集团间的关系与每个小集团需要维护的自己与委托人间的关系密切相关,合作者需要长期关注客户情绪,就像我们之前讲过的,他们的议价能力直接来自支持者出价多少。合约不是由高一级机构颁布的法规决定,而是来自契约方的协商,其效力受到**情势变更原则**(rebus sic stantibus)的影响。能够让其中一方退出协定的易变因素会自下而上做出警示。

选民和被选者之间的关系不同于政治派别之间的关系,这种差异体现在好的政治家必须掌握的两大技能上:首先他们必须是企业家,其次更应该是磋商者。在意大利,政党领袖最需要拥有作为优秀企业家的天赋,而议会议长则需要有磋商的才能。

契约主义的复兴

对于契约本质的深刻认识能够帮助我们理解当代国家的动态以及相关政治现象。这就使得我们的思考转向第三个方面。它们与契约理论紧密相连,可称之为"契约主义"。当然这是对于往昔契约理论重新点燃的兴趣,因此称之为"新契约主义"(neo-contrttualismo)也没有什么不妥。这种兴趣部分源自罗尔斯(J. Rawls)关于正义的著作,书中将"人们熟知的洛克、卢梭和康德的社会契约理论"作为立足点,来阐释他的正义论①。事实上,即使罗尔斯的论述建立在契约理论(理性人之间的原始契约)之上,他的正义理论与社会契约理论关系并不大,他的目标是论证国家存在的正当性,找到政治权力和人对人的最大权力的理性根基,而非建构一个正义社会的模型。自然法理论家们,除了罗尔斯引用到的,还包括霍布斯、斯宾诺莎、普芬道夫(Pufendorf)等诸多人面临的核心问题不是正义,而是权力,尤其是指至高无上的权力——主权。政治哲学家经常自问的一个问题是:这个掌管生杀予夺、唯一能实施暴力的权力,是否具备正当性?契约主义正好提供了一个可能的答案:最终有待解决的是立法权问题,而非正当性问题。

对契约主义的重新关注还有更深层次的原因:社会作为一个整体,其根基就在于原始契约(contratto originario)观念,这区别于最终达成契约的碎片化社会。这一认识在充满深刻剧变的现实社会中,满足了人们"从头做起"的内在需求,确切地说,让他们感觉迎来了崭新的开始。这令人想到西耶斯(Emmanuel Sieyes)主张第三等级自行召开国民大会,宛若刚刚告别自然状态那样重新做起,召集人们建立社会契约。②

相较之下,17世纪末至18世纪末之间,契约理论沉寂下去的原因之一是受到当时观念的影响,认为国家作为崇高的实体,不

---

① 约翰·罗尔斯(J. Rawls):《正义论》(*A Theory of Justice*), Oxford: Oxford University Press, 1972, p. II(意大利译本, Milano: Feltrinelli, 1982, p. 27)。

② 对这部分的引用可参见塔尔蒙(J. L. Talmon):《绝对民主的起源》(*Le origini della democrazia totalitaria*), Bologna: Il Mulino, 1967, p. 103。我关注的是书中 P. Villante 的段落。

能将之解释为个体间所达成协议的人造产物。众所周知,黑格尔强烈的反契约主义观点就源于此。伯克(E. Burke,重要的政治作家,他是一位现实主义者和传统主义者,否定启蒙运动,被认为是现代历史主义的鼻祖之一)有段话也毫不逊色地揭示了这一点:"社会本来就是一种契约。那些针对物品的从属性契约只关系到短暂利益,可以因眼前的蝇头小利而解除,也会因双方任性妄为而作废,但国家不是这些合作协定中被拿来交易的辣椒、咖啡、棉布或烟草等关系不大的物品。它需要被带着敬畏去另眼相待。"①

除了传统的哲学和历史观认为原始契约是一种不存在的"妄想"(chimera),给契约主义致命一击的是两种存在争议的历史解释:一是将中世纪描述为政治关系形同契约的社会;另一个则是著名的马克思主义批评,在他们看来,卢梭的社会契约意在通过订约,使两个本质上独立的个体建立联系,这是对16世纪以来出现的资产阶级社会的合理化。② 将中世纪看作是建立在契约之上的社会是荒谬的:当我们见识到,引用一个权威的说法,国王和主教们之间、国王和地区首脑之间的互惠责任是等同于**协定**(*Pactum*)的③,这种对于权力关系的契约解释和原始社会契约的问题毫无关联,因为这一行为并非契约的双边关系,而是一种集体行

---

① 伯克(E. Burke):《关于法国大革命的思考》(*Riflessioni sulla rivoluzione francese*),收入马泰罗尼(A. Martelloni)主编:*Scritti Politici*, Torino: Utet, 1953, p. 268。

② 参见马克思1957年的《政治经济学批判》的著名导言的起始段落。

③ 即指 R. W. Carlyle 与 A. J. Carlyle 著:《中世纪政治思想》(*Il Pensiero politico medievale*), Bari: Laterza, 1956, p. 268。

为,称之为"契约"实属不当。至于马克思主义的解释,则是从看似有理的历史观察中做出的无端总结:即便契约主义是伴随资本主义世界(这过度和已被滥用的概念有太多的含糊性了!)的成长而出现的,但现代民主体制下的社会个人主义观念既是资产阶级的,也是无产阶级的;事实上,它更是无产阶级的,一个简单的理由就是,所有的资产阶级政府的参政权都仅限于有产者,没有一个政府会出于自愿去超越这一点;即便有些参政权延伸到无产者身上,这也是迫于自下而上的工人阶级运动的压力。即使普选发展得不够充分,但它对于民主体制的存在和正常运转是必要的,是民主基本原则的一大成果,每个个体在计算时是平等的(另外一件事是,在做出集体决定时的大多数原则的正当性),"人人皆有"成为它的力量源泉。国家被认为建立在社会契约(即所有愿意今后服从它的人们达成共识)之上,意味着捍卫上升的事业,反对下达的权力,意味着维护权力自下而上而非自上而下的原则,一句话,这意味着建立民主,反对专制。社会契约的概念不可与中世纪的权力关系相混淆,后者即便有时美其名曰为契约的关系,但事实上它是建立在互惠基础上,和社会契约里所强调的权力上升毫无关系。而当契约和资产阶级的商业社会联系上时,这里的契约(马克思曾在一些著名的篇章里明确提及)又指的是平等双方所达成的典型协议中的一种,就像劳动力关系中的买卖双方,也是一种建立在社会契约基础上,与多边协定或者集体行为无关的协定。

社会契约理论取决于理性推演,又和民主的诞生息息相关(即使并非所有的契约理论都是民主的),因而至今仍有活力。19世纪的契约理论的拥趸们在任何情况下都呼吁将个体原则作为权力的最终来源,权力的行使应当针对相同个体,从而拒绝超个人的、有机的、集体主义的、整体的、普遍主义的传统国家观念。有本写于19世纪末,但我从未在近期讨论中看到被引用的书《契约主义与当代社会学》(Contrattualismo e sociologia contemporanea),作者是塞尔瓦托雷·弗拉加帕内(Salvatore Fragapane,一位英年早逝的法哲学家),他对契约思想做了批判性的分析,指出它与个人主义一起,在由孔德(Comte)引领的社会学的强劲风潮中生存下来,它抛弃了个人主义前提而将之视作形而上学的抽象,不利于实证科学。弗拉加帕内参考了梅因和斯宾塞关于个人关系的不断契约化观点,并且做了更深刻的观察,这两者之间的联系不但没有丧失,反而大大增加:"个人主义及其所需的资本力量可以通过强有力的组织获得,劳动分工及其不断细化和调整为更具体门类的趋势,使得契约式的协定不仅在商业和民间生活领域,而且在政治领域成为一种必要"①。同时,他正确地指出了社会经济关系的契约化现象(实证社会科学必然将之认定为经验事实)与原始契约的传统理论的差别。就前者来说,"不是自由意志在社会现象的真空中所形成的表达……而是社会发展的一个更高阶段;不是个体的中立行为,而是集体意志在社会进化过程中特定阶段所体现的特定法律"②。

在区分原始的"形而上"的契约和社会契约化现象时,没有得到清晰呈现的是,后者是历史研究的主体,而前者是标准模型,后

---

① 塞尔瓦托雷·弗拉加帕内(S. Fragapane):《契约主义与当代社会学》(Contrattualismo e sociologia contemporanea),Bologna:Zanichelli,1892,p.101。

② 同上,第99页。

者对它既没有表示认同也没有反对,因为两者是在完全不同的两个层面上。然而,当我们今天再以社会契约理论为参照讨论新契约主义时,恰如弗拉加帕内所指出的,需要阐述清楚的是以契约模式为根据的社会基础重塑的问题与中心权力的碎片化形成诸多小型敌对权力群体问题不同,权力的分散直接形成了像意大利这样的"碎片化政府"。那么,这些群体之间的事务在本质上具有契约的属性。人们甚至会说,前者是为了给后者找到解决方案。

新联盟

请允许我先表明立场。交易双方都将自己看作是独立的,建立在这种讨价还价关系之上的协定就天然带有不稳定的基本特征,这就容易引起整个社会结构的不稳定。想一想反复无常的国际社会就是最好的证明。尽管社会不断地集团化,有权势的经济体日益膨胀,但国家依旧拥有并持续着对武力的垄断。在国家强制力的保护下,建立在私法基础上的契约得以壮大并推动社会发展,并被确保在这个社会实体的任何地方都能得到履行。这在国际社会中不可能发生,因为即使范围缩小了,在那里仍盛行着武力的自由角逐。更不现实的是国家内部各权力中心之间的关系,虽然国家仍旧在形式上保持了对武力的垄断,但却无法有效行使,事实上需要格外谨慎地运行。勉强可以证明这个论点的还有,当发生了非法的或公然反对公共利益的罢工时,政府往往会介入,试图让公共服务回归正常工作状态,而这些本应该由议员或保证人来完成(还有一个例子,如果一位法官,作为国家强权传统且典型的化身,介入到劳动争端中,参与协商的责任双方都会对此做出最强烈的抗议）。即使国家还垄断着合法的武力，而国际组织则没有，当面对占据要职的强势利益团体间的争议时，国家所表现出来的无能和联合国在处理各国争端时的状况如出一辙。但如果不能行之有效，合法性的意义何在？当然，一方面有权却无法行使和另一方面的根本无权，这两者之间存在很大差别。但令人惊讶甚至矛盾的是，当人们在号召加强国家在处理国际关系的权力时，除了在那些军权操纵政治的国家，我们还看到了在具体的国家内部，国家权力的逐渐衰退。

新契约主义，也就是在呼唤新的社会契约，全力拥抱的不只是一小块一小块的碎片，而是真正的"新联盟"，找到新的社会秩序，创造普遍和谐。它源自对政治和经济高度发达的国家中，国家权力长期呈现的软弱的认识，或者用时下的话说，源自对复杂社会越来越难以治理的认识。如果有的话，新契约主义面临的最大困难来自这样的现实：相互独立的个体们保留了小部分主权，并承担着做出集体决定的任务，并要对这一行为持续不断地进行合法化与再合法化。因此，归根到底正是他们有权决定这个新的社会契约，他们不再满足于简单地要求保护其基本权利和在商业活动中所获得的财产——这是诺齐克（Nozick）的最小国家理论——来作为他们顺从的回报。他们所要求的是在协定中加入条款，保证财富的公平分配，即使不能消除，也要减少人们生活之初存在的地位不平等（这就解释了罗尔斯著作成功的原因，它恰好探讨了满足这一需求的路径）。对平等的呼唤是如此深入人心且广为传播，如今已从国家范围传递到国际范畴。这里几乎没有必要提醒读者，出自国际联盟的联合国所倡导的伟大革新就是创立了"经济和社会理事会",这一机构发起了一个项目旨在帮助发展中国家,并保证对国家间的争议的处理不再只关注国际秩序,还要关注国际正义。世界的东西阵营划分,在很大程度上固化了传统的秩序问题。上述革新以东西阵营的对话为标志,现在又加上了南北对话,这就增添了有关正义的全新议题,它们不仅存在于国内的阶级和阶层之间,还存在于国与国之间。这样的规划面临巨大阻碍,要尝试实现国际福利社会这样的愿景,就必须面对这样的现实:即使在单个国家内,创建福利社会的规划也只得到了部分实现,并正经历着严重的危机。

我认为,没有人有资格断言这样的愿景能否以及如何实现。在这个被摧毁性暴力踩躏过的世界里,寻求上述问题的解决之道是巨大的历史难题,左翼得到感召要迎接这一挑战。

第七章
人治还是法治

Governo degli uomini o governo delle leggi

1. 一个老生常谈的问题贯穿了政治思想史:"以人治为基础的政府和以法治为基础的政府,哪种形式更好?"对这个问题给出的不断变化的回答构成了政治哲学发展过程中最意义深远的迷人篇章。

首先,我们必须要注意不能把它跟同样传统的"构成政府的最好形式是什么"的问题混淆起来。希罗多德(Herodotus)笔下有一个著名的论争,三个波斯君主探讨一个人统治、一些人统治,以及很多人统治,哪种最好。从这以后,关于政府最佳形式的争论就一直集中在对君主政治、贵族政治和民主制各自利弊的比较上,有时也会讨论是否可能组建一种包含了三种制度元素的政府形式来解决这些分歧。这个论争将统治者人数作为评估和选择的标尺。但它们都各自有一个负面对应物:对君主制来说是专制,对贵族政治来说是寡头政治,民主制则对应着暴民政治(oclocrazia)或者众愚的统治(governo della plebaglia)。这意味着任何评价政府最佳形式的尝试,都必须既考虑到统治者是谁、人数多少,也要考量他们如何治理国家。"人治还是法治?"这个选择型问题涉及的就是第二个问题,不是关于政府的形式,而是政府运作的方式。换言之,它引出了另外一个问题,继而进入到另外一个划分体系里,即好政府和坏政府的区分①。实际上,这也可

---

① 1981年6月26日,我在猞猁之眼(Lincei)国家科学院做了这一主题的就职演说,收入《贝尔芬格》(*Belfagor*),XXXVII,1982,第1-12页。

以换个方式表述:"好政府,是指拥有依照既定法律运作的英明统治者的政府,还是指拥有由英明统治者制定出好法律的政府?"

古希腊有两段主张"法治高于人治"的权威性文字流传下来,分别出自柏拉图和亚里士多德。第一段来自柏拉图的《法律篇》(*Leggi*):

> 如果我们叫他们做"法律的仆人",那不是因为我想杜撰一个新词语,而是因为我确信一个国家的兴亡取决于这一点,而不是别的什么东西。在法律服从于其他某种权威,而它自己一无所有的地方,我看,这个国家的崩溃已为时不远了。但如果法律是政府的主人,并且政府是它的奴仆,那么形势就充满了希望,人们能够享受众神赐给城市的一切好处。(*Leggi*,715d)①

第二段来自亚里士多德的《政治学》(*Politica*):

> 我们首先考虑到底是由一位最贤明者统治有利还是依最健全的法律统治有利?主张君主制有利的人认为:法律规定仅是一般性规则,并不针对实际发生的情况,而任何学科技艺墨守成规都是愚昧的……另一方面,对统治者来说,没有一般性法律原则确实是不行的。人的感情与生俱来,人比不上不带感情的法律,因为人

---

① 中译参见张智仁、何勤华译:《法律篇》,北京:商务印书馆,2016,第123-124页。——译注

会受感情的影响。(Politica,1286a)①

亚里士多德在文中对王权做出了批评,他对"人治优越于法治"的反对也主要在此。这个批评很明显承自柏拉图在《政治家》(Politico)里的观点。这篇柏拉图式对话试图确立"王者之知"(scienza regia)②的性质,也就是说,一种可以让任何掌握它的人都能治理好国家的科学知识的形式。在说明王者之知的构成部分之一是立法技艺(scienza legislativa)后,异邦人俏皮地说:"但是,最好的却不是法治,而是人治——有智慧的国王的统治。"当苏格拉底问为什么的时候,他回答:"因为法律从来不曾有能力来准确理解什么对所有人同时是最好与最正义的,也没有能力来施予他们最好的东西。"他随即又把这个观点推向极端,断言那些声称适用于任何时间、任何情况的法律都"像一个固执、愚蠢的人那样,不允许任何人来做与他本人的命令相违逆之事,甚至不允许任何人有异议"③。以下是一个经常用来说明这个观点的比喻:

> 正如船长总是维护船与水手的利益,他不是通过规定成文的东西,而是提供其技艺作为法律,来维持其水

---

① 中译参见郭仲德译:《政治学》,西安:西北大学出版社,2016,第86页。——译注

② 中译参见洪涛译:《政治家》,上海:上海人民出版社,2006,第124页。——译注

③ 中译参见洪涛译:《政治家》,上海:上海人民出版社,2006,第75页。——译注

> 手伙伴之安全与健康,那么,正当的政体亦依据同样的方式,它来源于那些有能力依此方式来进行统治之人,他们所提供的技艺的力量,远比法律来得强大,是吗?(*Politico*, 296e)①

看得出来,那些推崇人治优越性的人完全颠倒了对手的论证。对于后者而言,"一般性"(generalità)是法律的鲜明优点,而对于前者来说,这却是它的基本缺点,正因为法律不能够把所有可能的情况都考虑在内,所以要让所有人都得到相对公平的待遇的话,就需要开明统治者的介入。但人们也可以通过援引法律的第二个特点来为对立的观点辩护,即法律"不带感情"(senza passioni)。亚里士多德想通过这个短语传达的意思是,统治者尊重法律的话,就不能让个人偏好影响自己的决策。换句话说,对法律的尊重能够防止统治者通过行使权力去谋求个人私利,以此确保他的大公无私,这就如同正确实施行医准则,能够防止医生因为自己和病人或敌或友的关系而对他们采取不同的治疗方式。将法律放在第一位可以保护公民不受坏的统治者滥用权力之害,而把人治放在首位能够保护公民免受一般规范带来的不加区分的对待,当然前提是要有一个好的统治者。第一种方案使个体免受任意决策之苦,第二种方案可以规避法律规则潜在的过于普遍的特性的影响。就像第二种预设了好的统治者,第一种的前提是好的法律。这两种方案被描述成了截然相反的两极,仿佛是非此

---

① 中译参见洪涛译:《政治家》,上海:上海人民出版社,2006,第80页。——译注

即彼的绝对选择。而实际情况是,二者都预设了一个条件,随着情况的变化,使得两种方案是可以互换的。法治的优越性是基于统治者大多是坏的这样一个前提,因为他们都倾向于利用权力牟取私利。而人治的优越性是基于相反的前提,认为统治者都是好的,在古典思想家看来,他们是伟大的立法者。实际上,如果统治者都是英明的,哪里还有必要用一个普遍的法律网络来约束他们,不让他们反复权衡每个案例的正反两面?当然,反过来说,如果统治者是坏的,那么让他受制于一套普遍的规则,以免掌权的人将自己反复无常的情绪变成判断公平与否的标准,不也是可取的吗?

如果以这种方式来描述这两种选择以及它们的真实内涵,就无法回避这样的现实:几个世纪以来,对法治的选择压倒性地超过人治,而那些因为运气或德性或者二者结合(在此引用马基雅维利的著名分类)而被推到了能够掌控一个国家命运的位置上的人,一般而言,对它们的评价都是负面的。区分一个政府好坏的主要标准通常有两个:是为了共同利益的政府还是为了私利的政府;是依据既定的法律(无论这些法律是自然法还是神授法,或是基于传统使用的,又或是前人制定的、较为完善的、已成为国家既定习俗一部分的法律),还是专制统治(它的决定都是临时做出,而且不受任何预先制定的法律的影响)。从这两条标准里可以推断出两个不同却也不无联系的受人唾弃的统治者类型:一种是为了满足自己的不当私欲而滥用权力的暴君,柏拉图在《理想国》(*Repubblica*)的第四卷里就谈及这种人;另一种是自行制定法律的统治者,或者说是按词源本义来理解的"独裁者"(autocrate)。

2. 纵观西方思想史,关于法治优越性的讨论总是反复出现(在古代中国也同样有重要的一席之地),但问题却从未得到明确的解决。

用来表达好政府的最古老的方式是一个希腊词"欧诺弥亚"(eunomia,法治下的秩序),雅典伟大的立法者苏格拉底以此来区分其对立面"迪斯诺弥亚"(disnomia)。古人关于法律的至高无上权威的最著名的声明,出现在品达罗斯(Pindaro)的一个未完稿里,它在被现代人重复了无数次后,流传下来并加了题目 *Nomós Basileús*(君主法律)。在不知道上下文的情况下,很难确定其准确含义,但是这个未完稿开篇就说法律是无论凡间还是天上的万物的女王。① 古典时期传下来的重要文章中还有西塞罗(Cicerone)的格言,"只有全都成为法律的奴隶,我们才能获得自由(*Omnes Legum servi sumus uti liberi esse possumus*)"。②

整个中世纪的政治思想领域都被这样一个想法主导着:好的统治者都是根据那些他们不能按自身意志更改的法律来施政的,这些法律或者神授,或者依据事物本质,或是被确立为一个国家宪法的基础(即根本法),因而超越个人意志。布拉克顿(Henri Bracton)在他的《论英国的法律和习惯》(*De Legibus et consuetudini-*

---

① 参照吉甘特(M. Gigante)编著:《君主法律》(*Nomós Basileús*),Napoli:Edizioni Glaux,1956;再版 New York:Arno Press,1979。

② 西塞罗:*Pro Cluentio*,53。关于法治这一主题的此处及其他引文可参考哈耶克(F. A. Hayek)的《自由宪法》(*The constitution of Liberty*),Chicago:The University of Chicago Press,1960。意大利译本引自《自由社会》(*La societa libera*),Firenze:Vallecchi,1969,cap. XI,pp. 190 − 204。

bus Angliae)中提出的一条箴言,注定将成为司法国家的原则:Ipse autem rex non debet esse sub homine sed sub deo et sub lege quia lex facit regem①。关于法律至上的想法,没有比这表达地更强烈的了:**并非国王制定了法律,而是法律成就了国王**。在现代思想家构建的法律体系的动态思想里(凯尔森标准理论意义上的"动态"),布拉克顿的箴言可以被解释为一种论断,认为君主只有在依据法律体系的基本规范行使权力的情况下,即以一个合法君主的身份,才能成为立法者。于是,他们仅在宪法规定的形式和物质范围内行使权力来推动立法(即建立起对全社会适用并有约束力的规范),因此就不是暴君(如同在军事独裁之下,在专制意义上的)。

"法治"的原则从英国传入欧洲大陆各国的法律教义里,于是产生了如今得到普遍认同的(因为已经没有人在原则上反对,甚至如果有政治家不遵守它,是需要宣布进入紧急或者特殊状态的)"法治国家"(stato di diritto)学说。换言之,通过将政府的每个行为都合法化的过程,使地位从最低到最高的所有阶层都服从于法律的原则。从现代第一部成文的宪法开始,这就逐渐形成了"立宪主义"(costituzionalismo)。这里可以引用两个非常能说明政治权力普遍倾向于服从法律的例子:一个是韦伯主义将现代国家看作是理性的法治国家,即一个国家的合法性完全取决于是否依据法律来行使权力;另外一个是凯尔森的理论,将法律体系看作是一系列产生权力的规范和产生规范的权力,其开端并不是以

---

① 引自 G. E. Woodbine 编订的批判版本, Cambridge: Harvard University Press, 1968, II, p. 33。

权力中的权力(即与现代国家同时期出现的公法理论所讲的主权)为代表,而是表现为规范中的规范,即基础规范,所有制度内规则的有效性及权力链上权力的合法性都有赖于它①。

3. 为了完善这方面的讨论,有必要考虑到"法治"有可能意味着虽紧密相连但不尽相同的两件事:除了我们到目前为止一直讨论的政府依据法律(sub lege),还可以指政府借助法律(per lege),即经由法律,或者说,对普遍和抽象的规则进行广泛的、并不一定专门的颁布推广。政府依据预先制定的法律原则行使权力是一回事,通过普遍的立法而非具体实际的法令行使权力是另一回事。这两种方式并不能彼此等同:在一个法制或司法国家里,法官宣布一个具体实际的法令的判决,这就是依据法律行使权力而不是借助法律行使权力。另外,第一个立法者,即制定宪法的人在起草成文宪法的时刻,就不是在依据法律行使权力(除非我们像凯尔森那样假设存在一个基本规范),而是借助法律行使权力。在现代国家的形成过程中,立宪主义学说将各种形式的政府都归入依据法律的范畴,与之同步发展的是将立法机构作为法律首要来源的学说。一方面,法律被认为是统治者意志的最高表达形式(无论统治者是君主还是人民),因而代表了与传统统治方式的决裂;另一方面,它被看作是普遍和抽象的规范,跟特定的法令相对。如果我们把霍布斯、卢梭、黑格尔三位最伟大的哲学家的理

---

① 我很久之前在《凯尔森与权力问题》(*Kelsen e il problema del potere*)一文中提及这个话题,此文刊登在 *Rivista internazionale di filosofia del diritto*, LVIII, 1981, pp. 549–570。

论看作现代国家兴起的标志,虽不能肯定他们是法治至上的拥护者,但他们都认为立法机构是法律首要来源,因而是政府的主要工具,也是至高权力中的主要特权。

对政府依据法律和政府借助法律的区分不仅对于廓清概念是必要的,通常所认为的由法治带来的好处,也会根据针对的是第一种还是第二种情况而有所不同。如前所述,政府依据法律的优点在于它能防止或至少阻止滥用权力。政府借助法律的优点则不同。事实上可以说,相对于人治,人们倾向于法治的原因,从古时候的作家开始,大多数都跟借助普遍和抽象的规范来行使权力相关。法治拥护者们在不同时期提出了各种基本原则,其中平等、安全和自由这三者作为普遍和抽象的行为规范,更作为法律的内在特征,相较于依法行使权力,得到了保证。

毫无疑问,法律之所以能够促进平等源自它是普遍的行为规范,它并非只被应用在特定个体上,而是适用于由个体组成的阶层,甚至包括一个社会群体的所有成员。正因为法律是具有普遍性的体系,无论什么法律,也无论它的具体条款是什么,至少在其适用的人群范围内,既不允许特权,比如制定一些有利于某些个体的条款,也不允许歧视,即制定一些损害某些个体利益的条款。至于说存在着平等主义的和不平等主义的法律,这是另外一回事:这个问题关系着法律的内容,而不是法律的形式。

相比之下,法律促进安全的能力依赖于它另外一个形式上的特点,即法律的抽象性,它将某些行为或交易的处理与特定后果联系起来,这个过程比较典型,因而是可预料并且可重复的。在这里,法律中包含着抽象的行为规范,与法令不同,法令在怀有具体目的的情况下强制一个人或者一群人(在这里,具体是谁并不重要)做出一项行为,这个过程的实施一次性地耗尽了这项法令的所有效力。因为深知暴君专制政府构成的威胁,古典理论家们首先强调的是法律的平等主义功能,而现代作家们(我现在想到的是韦伯的法律理性化国家),大力赞扬的是政府通过颁布抽象的行为规范所发挥的功用,这些行为规范可以确保行为后果具有可预测性,因而它是可估算的,进而会有利于经济交易的发展。

法律和自由之间的关系有着更多疑问。西塞罗的著名箴言说,我们只有成为法律的奴隶才能实现自由。从表面上来看,这更像是为了蒙蔽人们去服从的夸张说教。但是它更深层的意义是什么呢?根据我们期待的是积极自由还是消极自由,将有两种方式来理解它。按照积极自由来解读这句话,是最直接和简单的,正如卢梭的一段文章所写的:"当你听命于法律的时候,总是自由的,但当你服从于某个人的时候,就不再自由了;因为在第二种情况下,我必须服从另一个人的意志,而当我服从法律的时候,我只是在服从公众意志,而公众意志既是其他所有人的意志也是我的意志。"①这种解读更加直接,但在范围上更加受限——卢梭所指的"法律"仅仅是公众意志形成的行为规范。对于开明立法者制定的法律,或者基于惯例的法律,或者只要不是公众意志形成的法律,都可以这么说吗?是否可以说,除了普遍性和抽象性,法律的另外一个内在特征是它来自共同意志?如果不是这样的话,确保积极自由的,是法律本身,或只是所有人都参与制定且以后也必须服从的法律?

---

① 引自卢梭的 *Fragments politiques*,参见阿拉特瑞(P. Alatri)主编的 *Scritti politici*,Torino:Utet,1970,p. 646。

如果要把保护消极自由也包含进法律的基本特点范畴,需要进一步限制它的含义范围。这意味着只有那些为了让所有人都能享有自己的私有领地不受别人干扰,限制个体行为的规范才被看作是真正的法律。无论听起来有多么奇怪,历史证明有多么站不住脚,这种关于法律的"真正"特征的说法在法学思想史上并不罕见。这跟一个可能是托马修斯(Thomasius)最先倡导,但肯定是由他推广开来的理论有关。根据他的理论,法律跟伦理相比,独一无二的特点在于它完全是由否定性的规则构成的,这可以用"不损害他人"(neminem laedere)的原则来概括。黑格尔也认为,法学家们谈论的抽象法律完全是由否定性的规范构成。这个我们称为"法律功能范围"(limiti della funzione del diritto,它历史性地补充了国家权力范围学说)的学说已经从晦涩费解中被解救出来,并在最著名的自由国家拥护者之一的哈耶克(Freidrich von Hayek)的努力下,引起了公众的关注。在他看来,只有能够保障个体不受妨碍地追求自己目标(除非别人以同样的自由权利与之冲突),才算是严格意义上的法律规范。以这种方式定义的法律对于哈耶克来说,代表着否定的命令或者说否决,也就并非巧合了。①

　　法律和平等之间的关系显而易见,而要想证明法律和自由之间的关系,就有必要把法律的定义稍微修改一下,采用一个精心选择的、有明显意识形态内容的积极倾向的定义。比如,为了说

---

① 我对该问题的更多思考参见《法权理论中大二分法的运用》(*Dell'uso delle grandi dicotomie nella teoria del diritto*,1970),现收入《从结构到功能:法权理论的新进展》(*Dalla struttura alla funzione. Nuovi studi di teoria del diritto*. Milano:Edizioni di comunità,1977,pp. 123 –144)。

明法律和积极自由之间的关联,有必要提到国家的民主主义学说,而针对法律和消极自由之间的关系,只能是基于自由主义的前提的。

4. 我们发现,虽然没有那么突出,与法律至上的思想同时存在的,还有人治至上的论点。然而,后者不像前一种理论那样,可以在历史上多次追溯。据我所知,从来没作为什么学术研究或者详细调查的特定对象。但是这个现象如此广泛多样,为分类学的分析提供了充足材料。以下可以看作是这种分析的第一次尝试。

首先,有个前提,一定不要将人治至上的教义和推崇君主制为政府的理想形式混淆起来,这种想法非常频繁地出现在诸如博丹、霍布斯、孟德斯鸠和黑格尔等古典政治思想家身上。君主统治,和暴君统治相反,政府总是依据法律(sub lege)施政。乌尔比安(Ulpiano)说"君权不受制于法律"(princeps legibus solutus est)这句格言的时候,心里想的是罗马帝国的领袖们。中世纪的法学家们解读这句话的时候,认为是指国王不受制于他自己颁布的实定法(*leggi positive*),或那些只要被认可就有效力的惯例,但他仍然要受制于神授法和自然法,因为除了国王的身份以外,他和别人一样是人类,所以在神和自然面前,他也是一个臣民——如果他能平心而论的话。正如圣·托马斯(San Tommaso)指出的,举例来说,这种情况下讨论的是权威(*vis directiva*,引导性力量),而不是权力(*vis coactiva*,强迫性力量)①。国王的负面镜像就是暴君,他既

---

① 圣·托马斯(San Tommaso)即托马斯·阿奎那(St. Thomas Aquinas),《神学大全》(*Summa theologica*),I^{a}II^{ae}, q. 96, art. 5。

没有正当的统治权威,又实施着非法统治,在这两个意义上其权力都是法外的(extra legem)。即使在将君主制当作政府的最好形式的作家那里,暴君统治这种典型的人治,也总是被负面描述的。如果说君主制有什么卓越之处的话,并不在于跟法治相比它属于人治这个事实,恰恰相反,在于君主认为跟一群贵族或甚至更糟的人相比,他们更应该尊重普遍的人道主义法律。一旦将人治与暴君统治等同,就没有任何理由推翻法治至上的古代教义。事实上,反过来说,历史上暴君统治的存在,正是法治优越性的经验论据。

自从有了柏拉图关于暴政出现的著名描述——由于民主的"放纵"(licenziosa,马基雅维利的用语)带来了城邦的解体,暴君统治作为一种政府的形式更多地与民主而不是君主制联系起来。然而,在19世纪初期,法国大革命和拿破仑以皇帝的身份统治时期之后,保守政治作家们用了相当多的篇幅讨论一种新的政府类型,它从初始就主要具备了消极内涵。我这里说的是所谓"恺撒主义"(cesarismo),它又主要因为受了马克思批评的影响,跟拿破仑三世的统治状况放在一起,被称作"波拿巴主义"(bonapartismo)。所有从恺撒主义里看到政府的自治形式的理论家们,都将之定义为"民众暴政/专制"(tirannia/dispotismo popolare):这明显受到世代流传的柏拉图主义思想的影响,并带有对煽动者的厌恶情绪。换句话说,"恺撒主义"(或"波拿巴主义")是一种因为动乱和混乱,不可避免地在民众政府之后接踵而来的一人统治的形式。雅各宾主义产生了拿破仑大帝,1848年革命又把小拿破仑推上了台,正如同古希腊城邦里平民(demos)控制局势后紧接着就出现古代暴君,也正如在中世纪晚期的意大利,政治强人(signore)在暴乱的城市公社（*comuni*）时期之后就执掌政权。在托克维尔看来，一种新的政治压迫威胁到民主国家，"因为这是一种新的现象"，经典的政治分析不适用于此。但它也不是太新鲜，毕竟还可以被描述为"专制"（dispotismo）的一种形式：

> 我想描述这种专制可能以哪些新的特点再现于世界。我认为，到那时候将出现无数的相同而平等的人，整天为追逐他们心中所想的小小的庸俗享乐而奔波……在这样一群人之上，耸立着一个只负责保证他们的享乐和照顾他们的一生的权力极大的监护性当局。这个当局的权威是绝对的、无微不至的、极其认真的、很有预见的，而且是十分和善的。①

在 18 世纪末的时候，关于恺撒主义的历史与理论分析大量出现在特赖奇克（Treitschke）和罗舍尔（Roscher）的两个最重要的政治论述里。前者向来厌恶法国，认为拿破仑满足了法国人民想要成为奴隶的强烈内在欲望，并将革命以后出现的政体称作"民主专制"（dispotismo democratico）。② 后者接过了"无序会激起秩

---

① 托克维尔（A. De Tocqueville）：《论美国的民主》（*De la démocratie en Amérique*），我引用的意大利译本由 N. Matteucci 编辑校对，Torino: Utet, 1968, II, p. 812。（中译参见董果良译：《论美国的民主》，北京：商务印书馆，2017, 第 950－951 页。——译注）

② 特赖奇克（H. Von Treischke）：《政治》（*Politica*），Bari: Laterza, 1918, II, p. 190。

序的欲望"的经典主题,认为一只狮子总胜过十只狼或者一百只豺狼,并阐述了人民政府如何产生暴君,而暴君又继而在那些被他当作奴隶的人们的支持下实施统治的过程。① 可以看出,民众政府和暴君的关联是反民主作家们钟爱的话题,他们的祖先都可以追溯到柏拉图。早在18世纪的时候,汉密尔顿就在《联邦党人文集》(*Federalist*)第一篇中对希腊民主批评道:"在推翻共和国特许权的那些人当中,大多数是以讨好人民开始发迹的,他们以蛊惑家开始,以专制者告终。"②

5. 人治作为法治的替代,其最原始的形式是将统治者的形象刻画为父亲或一家之主,即家长式的或者父系统治的——在极端的情况下甚至是独裁的——权力理念。在一些学说里,国家被看作是一个家长式、父系统治或者威权结构的大家庭,统治者行使着相应类型的权力。家庭无论大小,不管是威权主义的或仅仅是家长式的,至少直到洛克之前,都被看作是独裁制度的模型,最高的权力集中在一个人手里,而他的臣民,要么像孩子成年之前那

---

① 罗舍尔(W. Roscher):《政治:君主、贵族和民主的自然史》(*Politik. Geschichtliche Naturlehre der Monarchie, Aristokratie und Demokratie*) Stuttgart: Cotta, 1892。这个主题还可以参考 I. Cervelli, *Cesarimo e cavourismo*, 收入 *La cultura*, X, 1972, pp. 337–391; L. Mangoni, *Cesarismo, bonapartismo, fascism*, 收入 *Studi storici*, 1976, n.3, pp. 41–61;词条 *Caesarismus*, 参见 *Geschichtliche Grundbegreiffe*, Stuttgart: Kleit Verlag, 1974, pp. 726–771。

② 此处引自 M. D'Addio 和 G. Negri 编辑的意大利译本, Bologna: Il Mulino, 1980, p.38。(中译参见汉密尔顿、杰伊、麦迪逊著,程逢如、在汉、舒逊译:《联邦党人文集》,北京:商务印书馆,2015,第5页。——译注)

样暂时性地,要么像奴隶那样永久地在法律上是"无能力的"(in-capaci)。国王,如同父亲(家长,或者一家之主)被看作家庭的光荣领袖一样,行使权力的时候不是依据既定规范或普遍的抽象的戒律,而是凭借他自己的智慧,采取当时形势需要的临时措施,至于是否需要也只有他有权判定。联结父亲/家长和家庭成员的纽带并非法律规定,而是基于伦理,或者有些极端的反面例子,完全建立在武力基础上。作为一个由地位不平等的人们组成的群体——丈夫和妻子(或在一夫多妻家庭中的妻子们)、父亲和儿子们、主人和奴隶们、家庭和被看作家庭的国家,并不受制于法律的平等效力。与此相反,它们的主要原则更多是临时正义,而不是法律正义。公正,即实施在一个具体案例里的正义,可以被重新定义为人治的公平,而不是法治下的公平。虽然仅仅是个次要问题,而非主要思想,费尔默(Filmer)作品中家长式政府的理想(后来遭到洛克的反驳)将我们直接带到了现代社会的门前。当莱布尼茨(Leibniz)列举出区别于坏政府的好政府统治者的责任之时,他实际上在重复那些跟好的一家之主相联系的职责。这些职责几乎只涉及臣民的良好教育和健康幸福,比如对适度、谨慎、身体健康原则的灌输,以及实践每一条身体与精神的美德。后者包括君主有责任让臣民的顺从"得到赞赏与尊重"(这是在模仿"要尊重你的父母"的训诫)。① 对权力的家长式理念的决定性批判来自像康德这样的思想家,这并非巧合,关于法治国家最全面且连贯的理论之一归功于他。康德认为,"一个政权可以建立在对人

---

① 莱布尼茨(G. W. Leibniz):《关于政治与自然法》(*Scritti politici e di diritto naturale*),V. Mathieu, Torino:Utet,1951, p. 131。

民仁爱的原则上,像是父亲对自己的孩子那样,这就是父权政治(imperium paternale)……这样一种政权乃是可能想象的最大的专制主义"①。

又是亚里士多德,再次引领了一个注定要延续数世纪的传统。与暴政相比,威权统治的政府,即专制,是合法政府,因为在人民本质上是奴隶的情况下(东方的野蛮人就被看作如此),唯一可能的政府形式就是"奴隶－主人"的形式。在欧洲政治思想史上,很少有思想像它一样被如此执着地坚持和不厌其烦地重复,事实上,它被孟德斯鸠传承,一直持续到黑格尔时期。黑格尔说在东方世界,"只有一个人是自由的",而他所在时代的欧洲社会,已经开始了德国君主政体,"所有人都是自由的"。

6. 相对于好的法律,英明人士统治的优越性,甚至某种程度上的必要性,就是与典型人物——也就是伟大的立法者——紧密相连。这个人物必不可少,因为他击中了那些拥护法治言论的弱点:"法律从何而来?"这个问题如此关键,柏拉图的《法律篇》就以之开篇。雅典来客向克利尼亚斯(Clinia)发问:"先生,告诉我,你们的法律是谁制定的? 是某位神,还是某个人?"克

---

① 我引用的这段话(不过是许多大意相同段落之一)出自《论通常的说法:这在理论上可能是正确的,但在实践上是行不通的》(*Sopra il ditto commune "Questo può essere giusto in teoria ma non vale per la pratica"*,1793),引用译本由 G. Solari 和 G. Vidari 编辑意大利语版,Torino:Utet,1956,p. 255。(中译参见何兆武译:《历史理性批判文集》,天津:天津人民出版社,2014,第 183 页。——译注)

利尼亚斯回答说:"一位神,先生,一位神。这是不言而喻的事情。"(621a)①

我们要是回答法律来源于其他法律的话,就会陷入无穷的追溯与倒退中,必须在某个点停下来。法律要么有个神授的起源,要么就是在时间之初被给予。还应该考虑到,神仍不时启发一些杰出人士制定出新法律,借此带给人们长久公正的秩序:比如克里特岛(Creta)的米诺斯(Minosse),斯巴达(Sparta)的吕库古(Licurgo),雅典的梭伦(Solone)。这样看来,法治和好政府的原则之间的关系彻底改变了:并非好法律产生了好的统治者,而是睿智的立法者通过引入好法律带来了好政府。人比法律更重要:法治产生好政府的假设(当然如果政府自身行为应当遵守的法律都不好的话,就不可能是好政府),前提要有一个公正之人,他能够理解人们的需要。立法者(Conditor legis)是统治者最值得夸耀的光荣称号之一,这足以证明"伟大的立法者"这种观念在前人身上起着巨大的暗示作用。

"伟大的立法者"这一理想很显然跟理性时代的精神非常接近,对它来说,开明君主的任务之一是通过拟定新法典推进法律改革,以此唤醒对查士丁尼大帝(imperatore Giustiniano)的记忆。《社会契约论》里最出人意料和具争议性的段落之一是卢梭作为斯巴达的统治方式的赞赏者,向之表达敬意道:"要为人类制定法律,简直是需要神明",这跟古希腊人的想法是一致的。在

---

① 中译参见张智仁、何勤华译:《法律篇》,北京:商务印书馆,2016,第7页。雅典来客向克里特人克列尼亚斯与斯巴达人梅奇卢斯发问,中译本《法律篇》开篇原文为:"两位先生,告诉我,你们的法律是谁制定的。"——译注

直截了当地提及柏拉图所谓的"作为人君的人物"之后,他问:"如果说一个伟大的国君真是一个罕见的人物,那么一个伟大的立法者又该怎样呢?"答案是非常明确的:"前者只不过是遵循着后者所规划的模型而已。"无论从哪个方面讲,立法者都肯定是"一个非凡人物",他自愿承担的历史使命正是要"改变人性",是能够把"每个自身都是一个完整而孤立的整体的人转化为一个更大的整体的一部分"①。在法国大革命之后,"伟大的立法者"的迷思也激励着政府。"立法学"就在那时繁荣发展起来,加埃塔诺·费朗吉埃利(Gaetano Filangieri)在其不朽著作里提出了一个无与伦比的模型,在整个欧洲文化界广为传播。在圣西门(Saint-Simon)对"法学家"的批评在历史上留下印记之前,这个传统的最后一个代表是边沁(Jeremy Bentham),他孜孜不倦地撰写了多个立法规划,旨在开创洋溢着幸福的政治统治,但这注定是失败的。

另一个与"伟大的立法者"类似的人物是国家创始人。就这方面而言,古代传统中有着取之不竭的各种典范,其中就有忒修斯(Teseo)。普鲁塔克(Plutarco)将他和罗马的奠基人罗慕路斯(Romolo)联系起来,将他描述为"一个把四散的人们聚集起来,形成一座城市的人"。两者之所以类似,在于都对事物神秘的起源异常着迷。任何国家,如果我们去考察它的特定历史时刻及其后续发展,都会有它自己的宪法,也就是或从过去沿袭或由新近颁布的法律而形成的一套体系。但如果有人将时序倒过

---

① 《社会契约论》,II7。(中译参见何兆武译:《社会契约论》,北京:商务印书馆,2003,第 50 页。——译注)

来往上,从一个宪法研究到另一个宪法,不是必然会追溯到一个混乱中诞生出秩序,人群转变为人民,交战的孤立个体们成为市民的时刻吗?对城市的认识,在历史进程中,虽然可以通过研究它的法律和宪法(如今我们也称作它的法律体系)来获得,但是如果我们回到了最初的时候,所能找到的就不是法律,而是人,或者如果我们愿意相信最可靠且广为接受的诠释,则只有一个人,也就是英雄。

对国家创始人致以最高的敬意,并由此带来的对人治优于法治的全盘认可,这在马基雅维利的《君主论》(Il Principe)中出现,并非偶然。马基雅维利,作为李维(Tito Livio)史书的评注者,显然接受过人文主义的教导,尤其吸收了古典权威的教义。当谈起"新君主们",按照被极力维护的古老传统,其中最优秀的是摩西(Mosè)、居鲁士(Ciro)、忒修斯和罗慕路斯,马基雅维利写道,任何人只要想到他们的成就都会觉得他们"令人惊叹"。在最后的几页里,他呼吁能有新君主将意大利从当下的"野蛮统治"中解救出来,并再次以他们为例,重复说"要使一个新近当权的人能够获得巨大的荣誉,莫过于由他创制新的法律和新的制度"①。黑格尔十分敬仰马基雅维利,于是沿着他的足迹,将英雄和建国者放在了世界历史的最高位置,"但是法权(diritto)在他们这边,因为他们是有远见的那部分人:他们辨明了他们所处的世界和年代的真实情况……其他人就聚集到他们

---

① 这些段落参考著名的《君主论》第二十六章。(中译参见潘汉典、薛军译:《君主论·李维史论》,长春:吉林出版集团有限责任公司,2011,第104页。——译注)

的旗帜下"①。但是法权在他们这边吗？这是什么意思？正如他在《法哲学原理》(filosofia del diritto)中清晰阐述的那样，这指的是建国者们为了实现他们的非凡使命，有权（他们的后继者们都没有）在现有的法律之上使用强制力。这种法权，既然不会被他人的权利所阻碍，就当之无愧被称为是"绝对的"②。

7. 无论是作为伟大立法者的圣贤们还是作为建国者的英雄们，都是特殊情况下出现的杰出个人，他们在剧变时期或者新时代之初展开行动。事实上，与其说人治是法治的替代选择，不如说是危急时刻的必要代替品。自古以来，几乎所有的与人治优越性相关联的历史人物都属于杰出个人的范畴。所以说"人治还是

---

① 黑格尔：《世界史哲学讲演录》(Lezioni sulla filosofia della storia)，Firenze: La Nuova Italia, 1947, I, p. 89。[此处根据博比奥原文中的引文直译，中译亦可参考刘立群、沈真、张东辉、姚燕译：《黑格尔全集》第27卷第1分册《世界史哲学讲演录（1822—1823）》："他们具有关于何谓正当的正确想法。所以，尤利乌斯·恺撒曾有一个关于何谓罗马的正确想法，认为共和国还只是一个模糊的轮廓（幻影），而应有的关于dignitas（接受贵族权利）和auctoritas（王室特许）的法律势在必行，关键在于，不是把这些法律加给人民，而是人民理当在此服从（他们的）特殊意志……这是一些大人物的作为，说明他们的行动是为了满足自己，而不是为了满足他人。假如他们想做这个事情，他们就会大有可为。因为别人不知道什么是时代的内容，不知道他们自己希求做什么。可是那些大人物却知道什么是时代需要做的事情，他们希望做这样的事情，并且唯有在这当中能得到他们的满足……所以这时，民众就聚集在他们的周围"，北京：商务印书馆，2014，第68页。——译注]

② 黑格尔：《法哲学原理》(Lineamenti di filosofia del diritto)，§§ 93、102、350。

188 法治"的问题结果证明是问错了,因为一方并不能排除另一方。唯一一种人治被描绘成积极的事物却又不跟特殊情况直接联系的就是柏拉图的设想,其中国家由哲学王当政,但是即使在柏拉图心里,这也只是个理想人物。这个人物的历史性存在,《书简七》(Lettera settima)里有句话描述:"除非真正的哲学家获得政治权力,或者出于某种神迹,政治家成了真正的哲学家,否则人类就不会有好日子过"(326ab)①,然而将该理念付诸实际的尝试都以失败告终了。在历史上,人治都是在法治还未出现或者不足以应对革命时期的紧急状况时登场的。简而言之,它与例外状态紧密相连。

这种例外状态导致罗马共和国最初几个世纪出现了独裁制度(istituzione del dittatore)。人们关于人治最有趣、最富洞察力的思考正是围绕着这个制度衍生的,并将继续衍生。罗马独裁者,由于某个严重甚至威胁到整个国家生存的危机,将所有的权力即"全权"(pieni poteri)集中于一人之上的典范,因而中止了正常法律的效力(哪怕只是暂时性地)。它很好地例证了任何对人治的评价都需考虑到使其成为必然的客观情况。从马基雅维利到卢梭,文艺复兴以来不少重要的政治理论家都将罗马独裁统治作为政治智慧的例子,因为它承认了人治的价值,但是这种承认仅仅在出现公众危险的情况下,并且仅仅在危险持续期间才被允许出现。事实上,独裁者的任务正是要使国家恢复正常状态,以及恢复正常状态下的法律的最高权威。

---

① 中译参见王晓朝译:《柏拉图全集》第4卷,北京:人民出版社,2003,第80页。——译注

虽然一方面独裁政权总是会违背最初组建它的原则,无限期地延长自己,而且会出现一个杰出人物将独裁者临时性的宪法权力转变为个人权力,无限期延长"全权"的理由总是以危机情况的严峻程度为基础的,因此不太可能预测它会持续多久。通常这会牵扯到一场灾难性危机,它不是在政权内部发生,结束后国家治理还可以回到正常的轨道,而是一场外部危机,排除了一个政府平稳过渡到另一个政府的可能性。相反地,用黑格尔的话说,会出现一个世界性的历史人物,带来一场激烈的变革,正如同一场持久血腥的内战包含的从共和国向独裁国家的转变。卡尔·施米特提出的委任独裁(dittatura commissaria)和主权独裁(dittatura sovrana)的区分,反映了作为宪法规定的制度的"全权"与未经宪法批准、准备推翻前任政权并开创新任政权的领导所执掌的"全权"的不同。这个区别并不妨碍两者都属于同种权力类型,即特殊的临时性权力,虽然在第二种情况下,独裁的持续时间并未事先通过宪法规定好。无论主权独裁还是立宪独裁(dittatura costituente)都要由诸如恺撒或拿破仑这样的个人来完成,或者被像雅各宾派、布尔什维克这样的政治组织去实施,甚至是被一整个阶级行使,如同在马克思主义国家观里被称作的资产阶级或无产阶级统治,这些都不能改变一个事实:就定义而言,独裁统治使人们否定了传统法律的至高无上的统治。能够彻底改变的是其内涵:与委员独裁相关的事物一般是正面的,跟立宪独裁关联的事物,根据不同的诠释,可以是正面的也可以是负面的,以至于有些人把雅各宾和布尔什维克的专政吹捧上了天,而另一些人却对此猛烈抨击。用马克思主义的话说,资产阶级专政是应该被推翻的现实,而无产阶级专政是要实现的理想。

尽管从历史和概念的角度看,权力掌握在一人手中的形式各种各样,但它们都有一些相同特征,通常当同一个人被看作是代表了几种形式的时候,这些特征就得到了清楚地呈现。前面已经指出,反民主的作家假定恺撒主义和民众专制之间存在紧密联系。但同样经常被提及,并且也有历史证实的是恺撒主义和独裁之间的关联。比如,弗朗茨·诺伊曼(Franz Neumann)谈到"恺撒式独裁"的时候称它是三种独裁制度之一(另外两种是简单独裁和极权独裁),并且引用了科拉·迪·里恩佐(Cola di Rienzo)短暂政权的特例,将它定义为"一个最让人着迷的恺撒式独裁"①。将恺撒主义和暴君联系在一起,首先突出的特点即它是权力腐败的缩影。将它与独裁联系在一起则强调了它作为一种特种的政府形式存在,紧急状态使其存在具备合理性,因而其本身不是消极的事物。这两个方面并非互相排斥,虽然暴政并不总是特殊状态,而特殊政权也并不总是腐败的。按照马克思主义对路易·波拿巴政变的诠释,相比暴君政治,波拿巴主义跟独裁更为相像。也就是说,它代表了在统治阶级的权力受到威胁的情况下对特殊权力的行使(顺便说一下,这种情况在罗马时期的独裁制度就已经被预见到了,因为不仅在外部有危险情况下,内部危险也可能引发)。继马克思以后,葛兰西(Gramsci)将恺撒主义定义为一种特殊情况下所有的,"恺撒主义可谓说明了各种力量发生冲突的局势发展到势均力敌的危机状态;也就是说,这些冲突的力量继续下去只能以互相

---

① 诺伊曼(F. Neumann):《民主国家和独裁国家》(*Lo stato democratic e lo stato autoritario*),Bologna:Il Mulino,1973,p. 333。

毁灭为终局"①。葛兰西进而将进步的恺撒主义和退步的恺撒主义加以区分,他指出恺撒和拿破仑一世是第一种的例子,而俾斯麦(Bismark)和拿破仑三世则属于第二种。这部分的《狱中札记》(*Quaderni del carcere*)于1932年至1934年间完成:不难想象,或许他说到进步的恺撒主义之时,心里想的是列宁,退步的恺撒主义在他心里对应的是墨索里尼。

8. 我们一直等到马克斯·韦伯出现,才有了第一个关于"权力既是个人的也是例外的"的完整理论。韦伯三种类型的合法权力中最著名的就是卡里斯玛式权力(potere carismatico)。为了能圆满完成对这个话题的快速考察,将韦伯的卡里斯玛式领袖当作所有历史上能找到的人治形式的综合,不会显得太简单化。它集伟大的政治煽动家(古典时期的专制君主,他为恺撒主义的现代形式提供了材料)、马基雅维利主义和黑格尔理论意义上的英雄及伟大的军事领袖的特点于一身。但却未能囊括"伟大的立法者",韦伯对此向来不甚看重,仅仅说他们"通常但不总是在社会处于明显紧张状况时,被叫到办公室来解决不同阶层之间的矛盾,制定新的永久有效的神圣的法律"②。

卡里斯玛式权力的另一极是合法权力:将两者合起来考虑,

---

① 葛兰西(A. Gramsci):《狱中札记》,Torino:Einaudi,1975, p. 1916。(中译参照见曹雷雨、姜丽、张跣译:《狱中札记》,北京:中国社会科学出版社,2000,第175 – 176页。——译注)

② 韦伯:《经济与社会》(*Economia e società*), Milano:Edizioni di comunità, 1961, I. p. 448。

正好是人治和法治二分法的完美标志。传统的权力处在两个极端之间的某个点上；它是某种形式的个人权力，但又并非超出一般；它是一种个人权力，合法性不源于领袖品质而是基于传统力量，因此正如合法权力一样，源于非个人的力量。合法和传统的权力代表着介于危机之间的长期的相对平静的时间段，卡里斯玛式权力不同于这二者，它是过去发生重大危机时的产物。卡里斯玛式权力在那些短暂而激烈的时刻骤然出现，在结束和开始之间，在衰败和重建之间，在旧秩序死亡的剧痛和新秩序出生的阵痛之间。如果说它的崛起通常是短暂的，它的任务却是不同寻常的。

询问韦伯人治还是法治，哪种形式更好是毫无意义的：他的著名宣言说学术的任务并非做价值判断，而是为了理解（verstehen），大学教授的职位既不留给先知也不留给政客（两个都是卡里斯玛式权力的化身）。客观来看，卡里斯玛式领袖的统治跟法治一样，既不好也不坏。它们之间也不能随意替换。它们体现了不同的历史条件，社会科学家必须要搜集尽可能多的历史和经验数据来公正地评价它们（就这方面而言，韦伯是无与伦比的），这样才能详尽地阐明所采取的权力形式的理论，使之尽可能地全面彻底且价值中立（wertfrei）。事实上，作为一名尽心尽力的政治学作者，韦伯有自己的偏好，并在生命的最后几年提出了一种混合形式的政府设想，将领袖活跃存在和民主合法性结合起来的全民表决的民主制度（democrazia plebiscitaria），这种民主和无领导的或者说群龙无首的民主制度区分开来，这些我们在此不必深究。还因为在韦伯去世几年后，在德国真的出现了全民表决的民主制，但那跟他曾经设想并热烈拥护的完全不是一回事。无论如何，韦伯比其他任何理论家都更好地找到了合适的术语来系统阐述政治哲学中最古老的问题之一，将一个完全相反观点之间的辩论转化成了一个复杂的理论模型，在二者之间做选择是政客而不是学者的事情，没有任何事情可以将他的这个成就抹杀。

如果在分析的最后，让我脱掉学术的外衣，变成一个深入参与他所在年代的政治发展的人，我会毫不犹豫地说，我更倾向于法治而不是人治。如今法治正在庆祝着自己成为民主制度基石的最终凯旋。除却一套能以不流血的方式解决冲突的规则（即所谓的游戏规则），到底什么是民主？如果没有对这些规则的严格遵守，什么才算是好的民主政府？就我而言，我对如何回答这些问题毫不犹疑。正因为我毫不犹疑，我可以问心无愧地断定民主是卓越的法治。一旦民主忽略了这点，它就立刻把自己激励人心的原则变成了对立面，变成了众多独裁政府形式中的一种，这在史学家的编年史和政治思想家的推测中常常见到。

第八章
民主与国际体系

Democrazia e sistema internazionale

1. 这些年来,我始终关注主导政治一般理论的"大二分法"(grandi dicotomie):民主－专制,和平－战争。我从司法研究出发,尤其是主要从各自律法形式角度来观察它们。对前者,人们可以用自治－他治的二分法交替来解决,后者则是另一种情况:有律法形态或无律法形态。这种归纳呈现出民主－专制二分法是后者的亚种:民主和专制是律法的两种表现形式,与构想中的无律法状态,譬如战争形成对比。随后,出现了一个疑问:这两种有律法状态,它们与战争－无律法状态是怎样的关系? 它们有着相同的关系还是不同的关系?

这个疑问近年来衍生出不同的主题,被研究国际关系的学者们广泛讨论,其中既包括国内民主和国际和平的关系,又包括国际民主和国内和平的逆向关系。① 所有这些讨论的话题都可以引向两个极端的问题:第一,在完全专制的国家中间有可能出现国际民主体系吗? 第二,在完全民主的国家中间有可能出现国际专制体系吗? 这两个问题并不一定需要回答(事实上答案似乎已经被预料到了),而是为了强调那些隐藏在两个二分法对比背后错综复杂的问题。现在所论辩问题的前提是:(1)民主是否比专制

---

① 关于这场辩论的一手资料,参见 L. Bonanate 和 C. M. Santoro 编辑,《国际关系理论与分析》(*Teoria e analisi nelle relazioni internazionali*), Bologna: Il Mulino, 1986。

更和平;(2)如果民主比专制更和平,那么外部的和平是否可以依靠民主国家和国际社会的民主化来循序渐进地扩展;(3)在国际体系中,非民主国家的存在及该体系中民主国家内部民主化的缺失会带来什么后果,换而言之,在一个非民主世界中,能否存在民主。

目前,我对最后一点尤其感兴趣。在最近的文章中,我从"未兑现的承诺"的角度对现代民主发展这一主题进行了探讨①。未兑现的承诺,一部分原因是做不到,另一部分原因是遇到了意想不到的困难。关于这些困难,直至目前,我只想到了国家内部的困难。我还没有开始考虑外部困难,我认为这是一个民主政体作为国际社会的一部分所要遭遇到的,后者因为存在非民主国家的部分,本质上是无律法状态。

吉诺·吉尔曼尼(Gino Germani)在其去世前的最后一篇名为《现代社会中的专制与民主》(*Autoritarismo e democrazia nella società moderna*)的文章中提到民主能否存活的问题。与专制相比,民主显得格外脆弱,在导致这个问题出现的所有可能中,吉诺也考虑到外部原因的存在,也就是那些每个国家与其他国家之间无法避免的关系,并得出结论——对于"国际体系"中现有的国家来说,内部政治的紧密联系与国际化会使得它们趋向于选择专制,而不是民主。② 在《民主如何结束》(*Comment les démocracies finissent*)一书中(Grasset, Paris, 1983, 意大利译本, Rizzoli, Milano, 1984),

---

① 我指的是本书第一章节的内容。

② 参见 R. Scartezzini, L. Germani 和 R. Gritti 编辑:《民主的限度》(*I Limiti della democrazia*)第 I 卷, Napoli: Liguori, 1985, p. 34。

作者让－弗朗索瓦·何维勒(Jean-Francois Revel)以其惯有的充满力量而又严谨的文笔展开论辩,他主张民主注定要走向灭亡,成为世界历史中的一小段插曲,因为民主不能保卫自己以对抗强大对手——极权主义,这部分源自民主本身内部意见不统一,部分是因为它在面对那无比狡猾、无比冷酷的对手极权主义的时候,变得太过温顺。普林斯顿大学国际研究中心主任理查德·福尔克(Richard Falk)坚信"虽然核战争没有爆发,但事实上,核武器的存在也会与民主体制相冲突"①。

关于这些年来民主和国际体系的关系有诸多例证,我只引用了其中几个,显而易见,一个外表看来民主的国家,然而事实上却是这个大部分由非民主国家所构成体系的一员,其内部遭受国际关系的侵蚀。在这样的构造中,或者说,在以同样模式生成的构造中所涉及的内部体系是非民主的。

2.历史在不断重演,人类对其历史的反思也在不断重演。在见证了共和政体被更强大的政体制伏并消灭之后,共和政体的作家们在君主制的形成过程中存活下来,他们始终坚信自己的观点。正如希腊城邦的自由终结于马其顿的征服,自由的城市国家的覆灭也宣告了欧洲自由的结束。幸运的是,重演的是思想而非错误的预言。18世纪末,在罗马共和国覆灭之后,诞生了第一个伟大的共和政体,它推翻了所有对共和国灭亡的非难,这个共和政体是:美利坚合众国。谁知道这一次灾难预言家们的预言是否

---

① 福尔克:《核武器与民主的终结》(*Le armi nuclear e la fine della democrazia*),引自《民主的限度》,第 295 页。

也注定不会实现呢。

共和思想仍留存在18世纪的英国、荷兰、意大利及法国,尽管事实上,伟大的领土主权国家例如君主政体诞生在现代初期,这通常归因于共和制国家以及贵族共和制度,但是与伟大的君主制国家相比,共和思想仍赋予了共和制国家和贵族共和国强烈的和平意愿——据说,共和政体尤擅商业艺术而非战争艺术。让-德·维特(Jean-de Witt)在《回忆录》(*Memorie*)中以玩笑的口吻写道:"只有共和政体才能带来和平与幸福的体验",他比较权力意志下的共和政体的福利意愿与君主政体的扩张,认为"这导致共和国的居民永远比由一个最高领袖统治的君主国的人民幸福"。当君主的政治艺术被比作集狮子与狐狸于一身时(马基雅维利所著《君主论》中最著名的章节之一),德·维特把共和制艺术比作猫,因为它必须"灵敏且谨慎"[1]。

在共和制与君主制的比较中,个别有争议的话题再次被孟德斯鸠提出并强调,他用庄重且不容置辩的语言,指出君主制的精神是战争以及对宏大的追求,共和制的内核则是和平与节制。从这个观点出发,可以给出不同的解释:去触碰问题的本质,也就是说,共和制对一座城市的征服不在于攻城略地;假如民主制对人民的征服是要将他们当作臣民来统治,其特有的自由就会岌岌可危,因为在这种情况下,地方行政官权力过大的情况就会蔓延开来。正因为那些共和政体愈加脆弱,所以它们经常会渐渐地重新结成联盟或永久性同盟,就如古希腊的城邦、古代的荷兰联合省

---

[1] 这里引自温杜利(F. Venturi):《乌托邦和启蒙运动改革》(*Utopia e riforme nell'illuminismo*), Torino: Einaudi, 1970, pp. 35-36。

和瑞士各州那样。完全相反的情况过去也曾出现,联盟体中的一国征服了另一国。在这种情况下,共和政体不仅成了将侵略性减低的例证,而且为永久性的同盟做出了表率,孟德斯鸠也称赞过国家之间的联合这一点,并把它称作社会的联盟。这些联合是在永久和平计划中出现的,就如康德所说,直至今日它们也代表着一条利用政治来建立稳定和平的必经之路。

3. 现有国家中大部分并非民主国家,这是一个无可辩驳的客观事实,也无须刻意关注。反之,需要观察的是另一点:从某种意义上来说,不能认为当今国际社会是民主的。为说明第二个主旨,我认为最好的方式是根据17世纪和18世纪的契约学说完成的理性重建,来呈现藏在民主统治生成的理想化过程背后的那些东西,其出发点是国家的本质,恰恰就如同当今国际关系中仍然存在无律法国家、永远有战争国家那样,即使现在这样的国家消失了,今后仍有可能出现;人们想要建成文明国家,正如要建成和平国家,即便不是永久的、稳定的;从无和平状态转变为和平状态的过程是通过一份协议或一系列协议来实现的,即使这一份协议未曾宣布或是心照不宣或是没有确定,但仍然是各个试图摆脱战争的国家间的互不侵犯条约。

像所有其他类型条约那样,互不侵犯条约是由它的内容来定义的。① 互不侵犯条约的内容可能负面消极,无法在契约主义著

---

① 该互不侵犯条约是所有其他协议的前提条件。互不侵犯条约被假定发生在自然个体之间,或者假定性降低一些但更真实地发生在像家庭一样的自然群体之间,因而缔约者不是单个个人,而是群体首领、一家之主(i patres

作中阐明，但对文明社会的诞生却有着极其重要的意义。缔约者各方互相担保不得使用暴力，极力维护各方关系，作为个体与国家的代表彻底反对战争，对使用暴力的违法方式做出判定：即使存在着自然法，第一条就是"不得杀戮"，当然这是前提假设，因为不存在永远被遵守的条约。互不侵犯条约完全是消极的，因而只代表着文明社会建立的必要条件。

第二种类型的条约是积极条约，是缔约者们为解决未来冲突而制定的和平解决办法。联想到朱利安·弗伦德（Julien Freund）的术语①，第二种条约意味着从争端（polemico）状态转变为对抗（agonistico）状态，即从自然状态的典型样貌（此时的冲突化解取决于单一的信赖）过渡到让更具力量的所谓法律发生效力的新局面。为解决冲突，人们排除了相互使用暴力的可能，致力于通过协商进行必要的妥协。从争端状态到对抗状态的过程不意味着没有冲突，而是在这种情况下，用于解决冲突的模式在变动。从

familias），对于重建的有效目的并没有特殊的显著性。对于维科来说，他提议用历史重建取代自然法则重建，尽管文明国家的诞生是理想历史，自然状态对应的是"家庭状态"、文明状态，或者说文明社会的初级阶段，对应的是家族首领联盟，该联盟是贵族共和国的起源。与我们的主题有关的，并非维科所说的，自然状态之后的历史进程的初级阶段是贵族共和国，而不是君主制政府或是民主国家，我们关注的是自然状态到文明状态的过渡，从不存在政府的状态过渡到出现政府初级形态的状态，过渡是通过两者之间的互不侵犯条约实现的，在这种情况下，是一家之主们稳定的政权统治。

① 此处及之后关于第三方的主题的论述参见 P. P. Portinaro 的《第三方，一个政治人物的形象》（*Il Terzo, Una figura del politico*），Milano：Franco Angeli，1986。我从此文中得到了启发和建议。

文明进程的角度再观察,正是这样的模式构成了差异。其余部分并非不重要,但就所主张的理性而言,禁止互相使用暴力的确是质的飞跃。

在出现违反积极和消极条约的情况时,如果是上述状态,就是出现了对互不侵犯条约及不使用暴力手段的协定的破坏,需要果断地禁止国家间使用暴力,换句话说,应当遵守禁止相互使用暴力手段的条约,这不仅是解决次要冲突的办法,而且是解决不遵守最初的互不侵犯条约这个主要冲突的方法。从这一点出发需要跨出另一步:为了避免利用解决次要冲突的武装力量来处理主要冲突,别无选择只能让第三方(Terzo)介入,这里涉及一个不属缔约双方的第三方力量(可以是个人也可以是组织)。我们可以回想,尽管在国家权力建立的某个时段内,国家会更倾向于自然法则(giusnaturalisti)的运行方针,而在由自然国家转变为各个文明国家的进程中,人们会意识到决定者和审判者角色的重要性,这在霍布斯和洛克的政治理论中可以找到。

4. 从争端状态转变为对抗状态的过程也可以定义为从不涉及第三方到囊括了第三方的转变,即使涉及第三方不过是意味着进程的最后阶段,互不侵犯条约不包含第三方的出现,但这就在签订互不侵犯条约的同时实现了质的飞跃。第三方的出现,或许是个法学家,不是为了证实条约的有效期,而是为了证实条约的效力,来应对可能出现的问题。在争端状态下,说到第三方就只有两个形象,一个是霍布斯所预见的同盟国,这是一个很明显的第三方,因为同盟国要么站在这一方要么站在那一方,它不会将两方的情况变成三方;另一个形象则是中立国,也就是不站在两方中的任一方。不过这样的第三方,相对于解决冲突,它是根据争端状态的逻辑或是对抗状态的逻辑来处理问题的,它完全置身于冲突之外,可以直接被称作消极第三方。

只有在对抗状态下才会出现积极第三方。值得一说的是,积极第三方会直接参与解决冲突,换言之,积极第三方依据参与的不同程度和责任,按照不同的措施来解决冲突。积极第三方的第一个形象是处理两方关系的调停者,但是不会在研究解决冲突的过程中替代两方;第二个形象是决定者,其他国家将决定委托给第三方,并保证服从其决定;第三个形象则是审判者,第三方由上层授权参与解决冲突,因此第三方有着"超脱于当事人之上的公正机构"之称号。

如今,当第三方作为审判者出现时,对抗状态就进入后续状态,与争端状态相反,它可以被定义为和平状态。这样因条约而诞生的状态被自然法则称为"臣服契约"(pactum subiectionis),在冲突的几方服从这个在所有法律之上的公共权力的基础上,审判者的权力凌驾于各方,它必须是公正的,从而确定谁有理、谁有过错。就弗伦德的二分法理论来说,我认为三分法应该更为合理,因为对抗状态是自然状态和文明状态这两个极端中间的一个阶段。自然法专家也清楚地认识到区分"社会契约"(pactum societatis)是一个非常复杂而缓慢的过程,它与对抗状态相对应,来自"臣服契约",这与我所说的和平状态相对应,也符合霍布斯的理论。更准确地说,需要区分审判者的两个形象,第一个审判者形象要求不利用强制权力而使得其他国家服从命令,就如当今国际法中的要求那样;而第二个审判者形象则要求掌握这个权力,因为只有通过服从的条约,法官才会被授予合法权力。也只有在这最后一个阶段里,和平状态才完全变成现实:事实上,在对抗状态和和平状态之间,有着一个软弱无能审判者的中间阶段,这是一个过渡阶段,就如其余的在纯粹的争端状态和对抗状态之间,也有可能有人意识到第三方的第一种形象,积极第三方和消极第三方的出现。

我重新说回来,告别自然状态的决定性事件是最初的互不侵犯条约,根据条约内容,各方放弃相互使用武力,不过这又与条约的最终目标——从自然状态的战争国家中走出来自相矛盾,它有待禁止互相使用武力切实地得到宪法、制约力或共识的保证。

制约力或共识:到目前为止我们讨论的主题仍然停留在"战争－和平"这个二分法的限制上。现在可以开始讨论另一种二分法"民主－专制"了,这是文明社会的内在问题。由对抗状态转变为和平状态与国家的构成有关。但是世界上国家的构成不尽相同,民主和专制代表着两种完全相反的类型。在自然法政治哲学的理性重建中,这两种类型的区别由"臣服契约"的思想孕育而来,是有制约的或没有制约的。或者换言之,按照不同的条件,在一定的限制之下,转让和转换强制权力是为了阻止使用暴力手段而使用集体力量的权力。为了使人们能够签订民主条约,至少需要满足这两个条件:(1)来自国家中任何人及竞争者的最高权力不得凌驾于人民或国家机构所有的自由和权力之上,因此要尊重人民和机构所拥有的自由和权力。所以条约的特征是不接受更改,有自然法则的特点,既不可废除也不可受限制;(2)由集体的决定来制定条约,受到整个集体的约束,也要让竞争者最大化参与并且得到他们的同意(当全体没有达成一致时,至少需要大部分人一致)。反之,专制条约中建立起来的最高权力不受限制或只受到自身的限制,本应受到约束的集体决定却由某个实权群体来做出,没有决定对象的参与和同意。

历史上,在这两种迥然不同的类型之间有着中间形式。不过只有建立起这两种国家,人们才能够理解中间形式。即使与实际的历史发展不相符,纯粹理性的重建也有它的分析与启示价值,但这并不完全排除国家沿着自身轨迹展开的实际历史进程,就如现在建立起来的意大利民主政府:在内战中,军事失败使得独裁政权倒台,反法西斯组织之间即刻签订了互不侵犯条约。以此为基础,即使这些组织之间有发生冲突的可能,军事力量也会被用于反抗敌人而不是用在这些组织之间。从这个条约中诞生了民族解放委员会,之后,其成员们签订了一个明确的条约,制定战争结束后的共存条款,从而和平地解决未来可能出现的冲突。至少到目前为止,我不需要再补充最初互不侵犯条约的形成和遵守,以及接下来的民主条约是我们文明共存的基石,这两者奠定了我们政治系统合法性的基础。

5. 目前,以不同阶段的理性重建为基础,借此逐渐形成了民主的局面,人们观察到,过去几个世纪发生过的事,现在依然发生在各国之间。这样的情况委婉说来,就被称为国际体系,除非出现很多异议,否则国际体系也不得插手。

第一,在过去的几个世纪里,如果互不侵犯条约涉及国际体系中的主体,这些主体就会相互联合形成联盟,这只有在主体数目有限时才会发生。当联盟被叫作"神圣的"或者"伟大的"之时,这种类型的联盟的时间与目标通常是有限的,尤其是它构成的主体是受限的。联盟的本质是一些国家组织起来反抗其他国家。事实上,在被认为是利益输送者的国家之间,永久和平的计划越长远,越不提倡永久联盟的存在,只建议存在暂时性联盟。国际联盟只与条约而非事实保持一致,除了某些例外,联合国组织既与条约也与具体实施一致,互不侵犯条约包括(或即将包括、或希望包括)国际社会中的所有成员。

第二,几个世纪以来,国际社会没有认识到第三方除了调停者和决定者这两个典型形象之外的另一个形象,这时的状态不再是争端的,而变为对抗的,但仍然没有进一步转变成为和平状态(根据定义,我认为这时还没有形成和平状态的火候)。作为永恒律法的角色,凌驾于各国家之上的审判者在第一次世界大战末才出现,并在第二次世界大战末与国际法庭一起重现。但这经常会涉及审判者的决定与一个国家法官决定的差别,后者不被考虑在内,因为决定的执行需要排他的强制权力。

第三,在过去的几个世纪,特别是在欧洲强国殖民扩张明显的近几个世纪,很少出现无政府国家,该现象产生的主要原因并非是同盟(confederazioni)或联邦国家(stati federali)的缔结与形成,前者对应的是社会契约,后者对应的是民主类型的臣服契约,但后者是强行凌驾于其他国家之上的国家状态或群体,即典型的专制权力。至今为止,国际关系的历史不是无政府形态关系,就是专制关系(要么无政府形态要么绝对权力)。只有在建立国际联盟和联合国之后,第三条道路才能得到尝试,即超越无政府形态,但又不屈服于他治。这两种普世倾向的国际体制是真正的社会契约产物,不过紧随社会契约之后的也不是臣服契约,这就是说,强权的排他性要求不同的缔约者服从于同一个权力。

前文已经对条约的普世性做出了阐释,巨大的进步更体现在民主带来的启示上。这种启示呈现在承认人权时,先决性地限制了通过达成共识而诞生的权威,因而也就不予其如同专制政府一般的无限权力;也表现在创建民主社会特有的基本原则上,议会中所有的缔约者处于平等地位,决议采取少数服从多数的形式。我谈论的是民主的启示,而非简单的民主,因为相较于第一点,除却怯懦的个案外,国际体系内的人权保障退步到了单个国家拥有至高权力的边缘地带,究其原因无外乎不干预原则;相较于第二点,因为安全理事会接近议会,而议会是基于政治平等的民主原则产生的且受民主的多数原则管控,在安全理事会里,五个常任理事国在非程序性事项上拥有投票权。国际民主还未达成的主要原因是民主化进程已退步至社会层面,至今还未达到(我们不知道是否且何时能达到)政治层面。在政治层面,民主不仅关乎社会,也同样关乎国家。换言之,关于国家内部关系,这里谈及的政府是与专制政府对立的民主政府。

6. 民主的进程停滞在从"国间"(inter-statale)到"国内"(infra-statale)转化的门槛上带来了什么影响,即单个国家的公民社会如何就成为"国内"的,这些值得进行观察。能够决定各国的社会动态以及转变这个社会成员的全面体系的权力,它在现实中的关系还存在于超级大国之间,直至不久以前,实质是存在于仅有的两个超级大国之间。因而,曾经将现行的国际体系诠释为两极体系情有可原:两个超级大国间的关系是相互制衡体系中出现的典型关系,这好比在国际社会的普世化和民主化进程发生之前,强权间关系就已存在了几个世纪,它在第一次世界大战之后艰难起步,渡过第二次世界大战造成的间歇之后,又重新开始并向前迈进。如果说国际体系中现实国家主体间的关系曾一度被定义为强国制衡体系,那么第二次世界大战过后的几十年里,则被定义为恐怖均势体系,唯一发生变化的是武器力量有所增强,制衡原则并未改变,依然是相互忌惮原则。

相互忌惮是霍布斯的"自然状态"的特征,这就带来了不稳定性、不安全性和脆弱性,这些弊病促使自然人远离这一状态,去建立一个共同权力的社会。从自然状态到民主状态的过渡是从不均衡稳定的状态向存在稳定秩序的状态的过渡:当国家内的每个人都对他人、对其他所有人心怀恐惧,那么国家无法安稳;而在秩序稳定的国家里,最主要的任务就是使新社会的每个成员从相互畏惧的局面中解脱出来。只要人际关系的处境特征仍然是相互畏惧,那么这还处在自然状态,即国内安全得不到保证,且这个国家的人们都想尽办法寻求出路,其中的主要出路便是寻求共同权力的局面。当然,纯属假定的普遍性的自然状态不同于处于少数间或仅仅两者间的自然状态,但当少数或两者持有绝大部分的力量,并且无法化简成为一个更高级的第三方力量之时,它们的关系终将结束,最后占统治地位的将是它的复合体系,在每个权力体系内部,体系会推动形成专制关系。不论是平等个体间的无政府形态,还是非平等个体间的专制形态,都会阻碍体系的民主化进程。换言之,我们需要的是从无政府主义中寻找出路,但又不再次沦陷于专制主义,亦即使专制体系解体,也不会拜倒在无政府体系的脚下。

当下,在国际关系里,传统的多权或群体权力体系与民主化进程推动形成的体系并列共生。新体系并不能彻底消灭旧体系,究其原因,在于直至今日新体系尚不能建立起共同的强大力量。

同时,旧体系的存在虽然没能遏制新体系,但也使其失去了权威性,阻碍了它的自我完成。可以从合法性和实效性的差别的角度来看待这两个体系间的对立状态,这在法学家那里再清楚不过了:新体系的合法性基础在于国际团体的大多数成员默认的或发表的赞成意见,它们已经并将继续支持联合国组织,新成立的国家已经陆续对联合国表示了支持,但是联合国缺乏实效性;旧的体系仍持续具有实效性,尽管相较于联合国的文书和精神,它已经完全丧失了合法性。这两个体系中的哪个注定会占上风,如今还很难预测。①

合法性层面和实效性层面的对立在不同国家的强度不同,同样,在民主政府内部,法律关系的体系和现实关系的体系也存在着持续碰撞,不同民主政府所面临的对立强度也有差异。强大的跨国企业的现实关系会挑战合法的民主政府,恰如强权可以逃避联合国决议或海牙法庭的决定。经常有人谈论"双重国家"(doppio stato)②的内部体系,指的是在宪法预设的体制内(即应该

---

① 在1990年夏天和1991年春天的波斯湾战争与海湾战争期间,这个主题再次兴起。联合国的一些不同决议,从8月2日的首个决议(n.660)到10月29日的最后一个决议(n.672),有相冲突的解释:根据一些观点,联合国的干预是公共权力超级大国(super partes)形成进程的成熟化尝试,这也表示了从不稳定制衡局面到集体安全稳定局面的过渡的相当有意义的中间阶段;根据其他观点,授权美国和他们的盟国动用武力是国际组织方面对有强大力量的霸权(特指美国)新尝试的让步,所以,这代表了从制衡局面到霸权局面的过渡,而不是所谓的公共权力形成进程的进步,是退步。

② 我这里特指F. Fraenlel的著作《双重国家:对专制理论的贡献》(Il doppio stato. Contributo alla teoria della dittatura, Torino:Einaudi,1983)及我的引言。

由预先设置的机构通过预先安排的程序做出集体决定),又发展出了新的体制,也就是说,许多的集体决定是由相关群体根据完全基于对相互权力的认可而设定的协议直接给出的。更不用说人们所谈论的国际双重体系了,体系由理想状态下不兼容但实际上又可共存的两个体制构成,这两个体制互相认识却不互相认可,不会相互忽略,但两者又独立运作。

7. 这种按照民主国家内部秩序组织起来的国家会遭遇怎样的结局,我在开头就已经提出这个问题:在一个非(未)民主世界里,是否可能存在完全民主的国家?只有在分析国际体系对国内体系有怎样的制约,以及这些制约条件中哪些会对民主体系直接产生影响后,才能回答这个问题。

国内秩序和国际秩序间的关系经常处于两难窘境,在这个总的主题范围内,我给出一些有限的浅显观点:前者优先于后者,或反之亦然。紧接着我要说的是,对以这种方式提出的两难窘境问题,无法给出任何有意义的答复。相反,我相信,在不完全民主的国家和民主化进程未结束的国家,国内民主体系受到行动必要性的限制,针对这些限制可以做出有意义的回答。再说一遍,我在这里所讲的民主国家是指那些建立于不同政治群体间的互不侵犯条约和这些群体间一系列规则约定之上的国家,这些规则要求对可能出现在它们之间的争执采取和平手段来解决。另外,我还要重提,既因为以联合国章程为基础的国家间普遍的互不侵犯条约的无效性,也因为带着对其他国家群体有明确的"防御－冒犯"意图而签署的互不侵犯条约有着巨大实效性,国际秩序的民主化进程缺失的主要后果是,解决国际体系中出现的冲突的唯一方式仍是相互使用暴力。从伊朗－伊拉克冲突到伊斯兰国家和阿拉伯国家间的冲突,当代世界不缺乏这样的事例。同样,两个超级强权间的巨大冲突无法解决,以前是因为和平处理其他所有小冲突都存在着困难,这也是由于互相使用武力的威胁暂时搁置了道德论争而产生的结果。

在这样一个世界里,构成它的各个不同成员之间无法存在一项普遍有效的互不侵犯条约,因此可能经常发生侵犯,尽管侵犯应该受到谴责的,而且根据现行规章,也经常被谴责,但一直以来几乎是不该受惩罚并且也没有受到惩罚。催生国家行为的最高原则是生存原则,依据霍布斯学说中自然状态中所发生的也是这样。早在西塞罗(Cicero)格言里就提出了一条经典原则:"人民的幸福对于他们即最高的法律"(salus populi suprema lex esto,《论法律》De Legibus,III,3)①,这条原则流传了多个世纪也少有变化。将这条原则放置在基于不同方面(或党派)之间的互不侵犯条约而形成的民主政府的国内情况中,可以想象,这些群体中的一个成员会宣告:"党派的出路就是最高法律",人们马上会意识到不协调。在不同方面之间的不侵略立宪条约缺失的背景下,该原则并不会显得那么不适宜,好比是内战中发生的党派斗争,或是在希腊城邦或中世纪城镇内部发生的长期内战中,每个政治群体或派别只有通过使用武力才能获取政权。在当前的国际体系中,古老的格言经常被对"切身利益"的渴求所代替,强权尤其倾向于如此行事。但是,其内涵并未发生变化:一直都是对"幸福"(Salus)

---

① 中译参见王焕生译:《论法律》,上海:上海人民出版社,2006,第183页。——译注

概念所喻示的终极价值的维护。据此,服从目标的行径,即使在道德上或法律上非法,也将会合法化,这符合了"为达目的,不择手段"的原则。

关于那些必然或例外国家所付诸行动的道德合法性,我们发现每个国家,同样包括民主国家,处于这样的一个体系世界里,相互间使用武力是行事规则,回想马基雅维利的著名篇章,它被认作为国家理性的主要理论之一:"在决定祖国存亡的关头,根本不容考虑是正义还是不正义的,是怜悯还是残忍的,是值得称颂还是可耻的;相反,他应该抛开其他所有的顾虑,把那个能够挽救国家生命并维护其自由的策略遵循到底"(《李维史论》,第三卷,第四十一章)①。"应该抛开其他所有的顾虑",这意味着,在考虑社会秩序各方面价值的时候,首先要考虑的是公民的自由。

就"人民的幸福"原则所具有的力量而言,民主政府和非民主政府的区别无关紧要。民主国家间所签署的《欧洲人权公约》(*la Convenzione europea dei diritti dell'uomo*),除了有前文所列举的传统自由权,自由权在基于自由国家而设立的权利法案中反复出现,《欧洲人权公约》在第十五款中还引入了例外原则:"在战争或其他可能威胁到国家生命的公共危险情况中,每个缔约者可以采取在现有公约规定义务之外的措施。"道德和政治间的差异导致了诸多辩解,这些辩解构成了国家理性教条文库,其中最常被征引的便是这条"例外":不存在不纵容特殊情况下例外的总法则。推测起来,基于统治者与被统治者之间"命令-服从"的等级关系的内部

---

① 中译参见潘汉典、薛军译:《君主论·李维史论》,长春:吉林出版集团有限责任公司,2011,第573页。——译注

关系中所不容许的,除非在"公共危险"这类特例中,会被在一定程度上不存在任何"命令-服从"关系的且每个人的安全完全依赖于自我抵御能力(自然也包括先发制人的攻击)的君主国家体系所容许。

确属例外的实际战争国家与长久不安定的国家之间没有可比性,因为每个国家所处的体系就好比是缺乏公共权力的国家体系,即没有上文所述的具有第三方强制力量的国际体系。但是,不安定的国家与安全的国家,以及除非在巨大宪政危机条件下一般都具有内部政府的相对安全的国家相比较,其间的差异不容忽视。现在,认识这个差异有助于理解在何种意义上从外交政策角度讨论对国内政策的可能调控与制约。一个民主国家,如果就外交政策方面应承担的义务而言,遵守这些调控与制约显得异常艰难或无法施展的话,那么在遵守国内政策方面将愈加步履维艰。

8. 最主要的任务之一涉及权力的可见度。这些年我保持着对于民主特征的执着①,而民主的特征就是政府行为的公开化,因为只有在行为是公开的情况下,公民才有可能去评论,从而能行

---

① 始于《民主与看不见的权力》(*la democrazia e il potere invisibile*,1980),如今在同本书同一卷的《杀戮,博洛尼亚法官起诉书》(*La strage, L'atto di accusa dei giudici di Bologna*,Roma:Editori Riuniti,1986,pp. Ⅸ-ⅩⅩ)的"前言"部分里,我重拾该主题。也可参见 M. Brutti 在《复兴》(*Rinascita*)中的《民主和看不见的权力》(*la democrazia e il potere invisibile*),XLII,n.33,1985 年 9 月 7 日,第 28-30 页。详细资料还可参见《秘密专题论文集》(*Il trattato segreto*)中的《民主与秘密》(*democrazia e segreto*),会议纪要,Sassari 和 Alghero,1988 年 3 月,第 24-26 页,Paolo Fuis 编辑,Padova:Cedam,1990,pp.16-31。

使公民民主的主要特权之一——对执政者的监管。关于代议制民主的起源，《代议制政府起源史》(Histoire des origins du gouvernement représentatif)的作者基佐(Guizot)曾写道，公开众议院的辩论迫使权力在所有人有目共睹之下承担义务，追寻正义和公理，使得每个公民都相信这样的追寻出自善意(1821—1822)。可见性原则是一项革命性原则，因为它与权力的自然本性相悖，任何权力都趋向于隐匿自我，或者不公开宣告自己的意图，或者以谎言的方式宣告自己的意图，权力将自己从人民审慎的眼中抽离，或是给自己戴上虚假的面具(见风使舵，伪装自我)。和上帝一样，权力倾向于让自己显得无法接近：统治的秘密是对自然的秘密（或者说神的秘密）的一种模仿。所谓"秘密"，即权力的本质，埃利亚斯·卡内蒂(Elias Cannetti)写过一些值得深思的难忘篇章，当然，其余如《民众与权力》(Massa e potere)这整本书都值得深思：权力如同上帝的旨意一般，应当是奥妙难测的，权力不应当被窥探，因为这能让它更好地看清他人的所作所为，"掌权者熟知他人的意图，但是却不让人洞悉自己的意图。它应当是高度机密的，任何人都不能知晓掌权者的所想所谋"①。

正因为权力可见性的原则违背天性，所以也难以恪守：权力尽可能地阻止权力受害者去驱逐它，或是引诱它曝露在阳光下，摘下面具，露出真容。权力经常会想尽借口，辩驳让自己逾越透明度界限的话题，以拒绝别人看见它。最常见的借口或话题常常是一贯的两点：(1)国家事务如此复杂，以至于不能向大众公开，

---

① 卡内蒂：《民众与权力》(Masse und Macht, 1960)，意大利译本，Massa e potere, Milano: Adelphi, 1981, p. 353。

更何况大众可能不理解国家事务;(2)没必要让敌人知晓自己的意图。这两项国家准则针对的是它的国民和其他国家。但是两类接受者都展现并保存了自己对国家的制约力,尤其是后者有其特殊方式。

补充一点,在公共行为层面里,违背设立的规则会造成小到对当事人最基本形式的声名诋毁的政治后果,大到最终制裁的弹劾的法律后果,而在公共行为层面之外或之下,总有一部分政治行为会在无法接近或无从认识的玄秘的最深层面里进行:它受秘密的服务所引导,被沉默地接受,尽管受评论限制或仅受理论批评限制,但是实际没有且未曾被揭发,即使在民主国家最终也完全是合法的。当人们读到康德的小书《永久和平论》时,会看到作者坚决否认了政治与道德的割裂,他谴责战争时期(毋庸说在和平时期)使用间谍和其他秘密斗争手段,今天,这位伟大哲学家的天真几乎令人发笑,或许他的确不切实际。所有这些秘密行为的应用仍有时多属外交政治层面,或是分离的与潜在敌对的政治个体间的关系,在这些关系所属的世界里,缺失的或未完成的民主化进程至今产生的后果之一就是阻碍了权力透明度原则的彻底贯彻。如果没有同等的相反的隐形权力是无法与隐形权力斗争的,也就是以秘密对抗秘密。若是如此,竞争者都将争相攀比谁的服务更有效、间谍更可靠、反间谍技术更高明,谁最精明、最擅长谎言与阴谋的艺术。

9. 我切实认为,我所有的言论不过是推测,是受康德思想启发的推测。根据康德思想,只有联盟国家都拥有一样的政府形式,更准确地说,同样拥有共和制(这种形式的政府会将集体决议交到人民手中)政府形式,才存在永久和平。我还认识到一个事实:这个推测无从验证,就如同纯粹理性观念一样,只有可形成规范的观念才能在实践中生效。如同所有的推测,我的论文表述的也只是一个假设命题"如果－那么","如果所有的国家都是共和制,如果所有国家的这个社会本身是由所有共和制国家构成的,那么……"绊脚石就在于这个"如果"。一方面,先决条件的后果是无法验证和不可造假的;另一方面,先决条件所指的是处于未必会实现的国际体系之中的现实国家。我们面临着一个恶性循环,每个理性预测都受阻;要说希望的话,只能寄托在被多次证明的我们理性的局限性之上。恶性循环的方式可以是只有国际社会完全民主化,各个国家才可能得到彻底的民主;但是国际社会倘若能实现彻底民主化,所需前提是构成它的所有国家都是民主国家。如果其中一项民主化进程无法实现,那么另一项进程也会受阻碍。

尽管民主国家的数量在增加,但国际社会民主化进程才刚刚起步。这使人想到,将希望转变成可预见的未来为时尚早,无论如何,这两种趋势虽在相互牵绊,但也在相互鼓劲。

人名索引

(页码为意大利文原版页码)

A

Agnoli, J.　J. 阿格诺里　8

Alberoni, Franco　弗兰克·阿勒柏罗尼　48, 58, 59

Althusser　阿尔都塞　64

Aquinas, St Thomas　圣托马斯·阿奎纳　180

Aristotele　亚里士多德　82, 95, 98, 170, 171, 184

B

Barcellona, Piero　皮埃罗·巴塞罗那　XV

Bentham, Jeremy　杰里米·边沁　8, 9, 99, 101, 102, 109, 186

Bodin, Jean　博丹　99, 144, 147, 179

Bowles, S.　塞缪尔·鲍尔斯　XIII

Bracton, Henri　布拉克顿　174

Brittan, Samuel　塞缪尔·布里坦　115

Buchannan, James　詹姆士·布坎南　115

Burke, E.　伯克　160

C

Cannett, Elias　埃利亚斯·卡内蒂　XXI, 216

Carter　卡特　38

Cattaneo, Carlo　卡罗·卡塔内奥　VIII, 119

Cavalli, Luciano　卢西亚诺·卡瓦利　XIII

Cicalese, Maria Lusia　玛利亚路易莎·奇卡莱塞　XV

Cicero　西塞罗　173, 177, 213

Ciro　居鲁士　187

Clapmar　卡拉马　95

Cole　柯尔　43

Colletti, Lucio　卢西奥·克莱蒂　116

Colli, Jean-Claude　让-克劳德·科利　116

Comte　孔德　162

Constant　康斯坦特　123

Cortesi, Luigi　路易吉·科尔戴斯　XVI, XXVI

Croce, Benedetto　贝奈戴托·克罗齐　VIII, 117, 128, 131

Cunnigham, Frank　弗兰克·坎宁安　XIII

D

Dahl, Robert　罗伯特·达尔　XIII

Dahrendorf, Ralf　拉尔夫·达伦多夫　14, 35, 76, 115, 116

E

Einaudi, luigi　路易吉·埃伊那乌迪　VIII, 44, 117, 128

Erbani, F.　艾尔巴尼　76(注)

F

Falk, Richard　理查德·福尔克　197
Feyerabend　费耶阿本德　116
Filmer　费尔默　183
Foucault　福柯　99, 100, 101
Fragapane, Salvatore　塞尔瓦托雷·弗拉加帕内　162, 163
Freund, Julien　朱利安·弗伦德　200, 203
Friedman, Milton　米尔顿·弗里德曼　115

G

Gali, Georgio　乔吉奥·加里　115
Gentile　杰迪莱　XIII
Germani, Gino　吉诺·吉尔曼尼　196
Geymonat, Ludovico　卢多维克·吉莫纳特　116
Gintis, H.　赫伯特·金蒂斯　XIII
Giorello, Giulio　朱利奥·乔雷罗　116, 119
Glotz, G.　格罗茨　48, 86
Gobetti, Piero　皮耶罗·戈贝蒂　117, 118
Gramsci　葛兰西　190, 191
Grozio　格罗茨奥　99
Guerrini, Fulvio　弗雷维奥·古埃瑞尼　115
Guizot　基佐　215

H

Habermas 哈贝马斯 90

Halevy, Elie 埃利·哈莱维 XII, 26

Harsanyi, J. C. 约翰·海萨尼 117

Hayek, Friedrich von 弗里德里希·冯·哈耶克 117, 128, 129, 173(注), 179

Hegel 黑格尔 XII, XIX, 3, 30, 101, 103, 118, 120, 144, 145, 147, 160, 176, 178, 180, 184, 187, 189, 191

Herodotus 希罗多德 169

Hobbes 霍布斯 XVI, XXVI, 9, 94, 144, 159, 176, 179, 201, 202, 203, 209, 213

Hobson 霍布森 43

Humboldt 洪堡 123

J

Joly, Maurice 莫里斯·乔利 17

K

Kant 康德 XV, 18, 28, 91, 92, 93, 102, 118, 123, 132, 159. 183, 199, 217, 218

Kelsen 凯尔森 XV, 147, 174, 175

L

Leibniz 莱布尼茨 120, 183

Lenin 列宁 42, 191

Linz, Juan　胡安·林茨　26

Locke　洛克　8,9,24,118,123,132,159,182,183,201

Luhmann　卢曼　116

M

Machiavelli　马基雅维利　98,109,173,180,186,187,188,191,198,213

Macpherson, C. B.　C. B. 麦克弗森　XIII, XV, XX,9,15

Madison　麦迪逊　89,154

Maine, Henry Summer　亨利·萨姆奈·梅因　141,162

Manconi, Luigi　路易吉·曼考尼　82(注)

Maranini, Giuseppe　朱塞佩·马拉尼尼　148

Marx, Karl　卡尔·马克思　4,33,34,35,42,117,118,161,190

Mastellone, Salvo　萨尔沃·马斯泰罗内　XV

Matteucci　马特西　115

Mill, John Stuart　约翰·斯图尔特·密尔　XV,8,9,20,115,116,117,118,119,120,121,123

Mondadori, Marco　马可·蒙塔多利　116,119

Montesquieu　孟德斯鸠　XV, XIX,20,30,100,123,180,184,198,199

Mosca, Gaetano　加埃塔诺·莫斯卡　13,14

Mosè　摩西　187

N

Naude, Gabriel　加布里埃尔·诺德　95

Neumann, Franz　弗朗茨·诺伊曼　190

Nietzsche　尼采　18, 87（注）

Niskanene, William　威廉·尼斯凯恩　115

Nozick　诺齐克　165

O

Omodeo　奥莫黛　117

P

Palombara, Joseph La　约瑟夫·拉·帕洛巴拉　XIV

Pareto, V.　帕累托　8, 14, 15, 79, 146

Pasquino　帕斯奎诺　115

Pasternak, Boris Leonidovich　帕斯捷尔纳克　8

Pericles　伯里克利　48, 53, 86

Platone　柏拉图　18, 19, 87, 94, 96, 98, 99, 101, 103, 170, 171, 173, 180, 182, 184, 185, 188

Plutarco　普鲁塔克　186

Popper, Karl　卡尔·波普尔　VIII, 29, 119

Pufendorf　普芬多夫　159

R

Rawls, J.　罗尔斯　159, 165

Revel, Jean-Francois　让－弗朗索瓦·何维勒　XII（注）, 197

Ricossa 瑞科萨 115

Romolo 罗慕路斯 186,187

Rosa, A. Asor 埃瑟·罗萨 65

Roscher 罗舍尔 181

Rousseau, Jean-Jacques 让－雅克·卢梭 8,10,14,33,34, 35,48,53,55,57,59,78,109,118,133,143,144,153,156.159, 160,176,178,185,188

Ruffini, Francesco 弗朗切斯科·鲁菲尼 VIII,44

S

Saint-Simon 圣西门 23,186

Salvatorelli 萨尔瓦托雷利 117

Santamaria, Julian 朱利安·桑塔玛利亚 27

Sartori 萨托里 115

Satori, Giovanni 乔万尼·萨托利 XIV

Schmitt, Carl 卡尔·施米特 88(注),89,116,146,189,

Schmitter, Philippe C. 菲利普·C.施密特 XIII,13(注)

Schumpeter, Joseph 约瑟夫·熊彼特 15,135,142

Senofonte 色诺芬 99

Seyssel, Claude de 克劳德·德·塞瑟尔 96

Sieyes, Emmanuel 西哀士 159

Smith, Adam 亚当·斯密 9,123,132

Solari, Gioele 乔艾莱·索拉利 VIII,183(注),

Solzhenitsyn 索尔仁尼琴 77

Spencer, Herbert 赫伯特·斯宾塞 121,141

Spinoza 斯宾诺莎 77(注),159

Spirito,Ugo 乌格·斯比利多 XIV

Stame,Frederico 弗雷德里克·斯达姆 120

Starobinski 斯塔罗宾斯基 91

T

Tasso 塔索 94

Teseo 忒修斯 186,187

Thomasius 托马修斯 178

Tocqueville 托克维尔 XII,XV,8,22,116,123,181

Treitschke 特赖奇克 181

Tucidide 修昔底德 53

U

Ulpiano 乌尔比安 180

Urbani 乌尔巴尼 115

V

Venturi,Franco 弗兰克·温杜利 VIII,198(注)

W

Weber,Max 马克斯·韦伯 3,24,4,125,135,147,175,177,191,192,193

Witt,Jean-de 让-德·维特 198

Wolfe,Alan 艾伦·沃尔夫 17

Z

ZeevSternhell　斯坦贺尔　XI

Zincone,Giovane　乔凡尼·金泽内　115

Zinoviev　季诺维也夫　77

Zolo,Danilo　丹尼罗·佐罗　XV

译后记

无论在理论上还是在实践上，诺伯托·博比奥（Norberto Bobbio，1909—2004）都是当代意大利政治最有影响力的人物之一，而1984年出版的《民主的未来》正是其影响力的奠基石。博比奥的早期成就集中于法学领域，从20世纪70年代初起，他将注意力转向政治学理论，《民主的未来》是这一时期最重要的成果。该书从基础性的问题入手，探讨关于"民主"的普遍问题，博比奥强调它们是为对政治感兴趣的读者大众而写，是专家写出的"通俗哲学"文章；它们都服从于一个宗旨：要让民主接地气，将它从高高在上的原则境界拉回到有血有肉的利益冲突中来。正因为此，即使博比奥特别声明全书不涉及有时效性的具体事件，但他对现实的关切之情洋溢在字里行间，感染着读者。也是在1984年，博比奥从任教三十余年的都灵大学退休，并在这之后更多地参与现实政治。

该书1984年在都灵埃伊那乌迪（Giulio Einaudi）出版社出版后，分别于1991年和1995年修订后再版。初版共有七个部分，即"民主的未来""代议制民主与直接民主""民主的制约""民主与无形的权力""新旧自由主义""当前探讨的契约与契约主义"以及"人治还是法治"。其中第一部分概括民主的基本原则与当下面临的主要困境，奠定基调，总领全书。其余则各有侧重，展开辨析与探讨。两次的修订版都有部分字词改动与段落增删，最主要的变动是后两版中增添了"民主与国际体系"作为第八部分。本书根据埃伊那乌迪出版社1995年的修订再版本翻译而来，除主体内容外，还收录了博比奥分别撰写的三版序言。

最后，感谢罗岗老师的推荐，主编陈越老师无限的信任与鼓励，编辑任洁老师和孙沁老师足够的包容与耐心，以及赵文老师的细致审读与提点。我多年的好友宋井莉和耿燕霞在翻译初期，给了许多帮助和建议；很长一段时间里，意大利友人丽雅（Lucrezia Farese）与我为本书每周进行一次见面讨论，她聪慧敏感，常陪我逐字逐句推敲，在此一并感谢。

通过对博比奥著作的翻译，我在语言、知识和思辨能力上，都受益无穷。由于自己学识有限，译文难免有错漏之处，恳请读者诸君批评指正。

王宇平

2019年3月31日

著作权合同登记号:陕版出图字 25-2013-231

图书在版编目(CIP)数据

民主的未来/(意)诺伯托·博比奥著;王宇平译.
——西安:西北大学出版社,2019.12
ISBN 978-7-5604-4484-0

I.①民… II.①诺… ②王… III.①民主-研究
IV.①D082

中国版本图书馆 CIP 数据核字(2020)第 007808 号

民主的未来

[意]诺伯托·博比奥 著
王宇平 译

出版发行	西北大学出版社
地　　址	西安市太白北路 229 号
邮　　编	710069
电　　话	029-88302590
经　　销	全国新华书店
印　　装	陕西博文印务有限责任公司
开　　本	889 毫米×1194 毫米　1/32
印　　张	8.375
字　　数	175 千
版　　次	2019 年 12 月第 1 版　2019 年 12 月第 1 次印刷
书　　号	ISBN 978-7-5604-4484-0
定　　价	65.00 元

本版图书如有印装质量问题,请拨打电话 029-88302966 予以调换。

Il futuro della democrazia
by Norberto Bobbio
Copyright © Giulio Einaudi Editore S. p. A. , 1995
Chinese simplified translation copyright © 2019
By Northwest University Press Co. , Ltd.
ALL RIGHTS RESERVED

Re 精神译丛（加*者为已出品种）

第一辑

*从莱布尼茨出发的逻辑学的形而上学始基	海德格尔
*德国观念论与当前哲学的困境	海德格尔
*正常与病态	康吉莱姆
孟德斯鸠：政治与历史	阿尔都塞
*论再生产	阿尔都塞
*斯宾诺莎与政治	巴利巴尔
*词语的肉身：书写的政治	朗西埃
*歧义：政治与哲学	朗西埃
*例外状态	阿甘本
*来临中的共同体	阿甘本

第二辑

*海德格尔——贫困时代的思想家	洛维特
*政治与历史：从马基雅维利到马克思	阿尔都塞
论哲学	阿尔都塞
*赠予死亡	德里达
*恶的透明性：关于诸多极端现象的随笔	鲍德里亚
*权利的时代	博比奥
*民主的未来	博比奥
帝国与民族：1985—2005年重要作品	查特吉
*政治社会的世系：后殖民民主研究	查特吉
*民族与美学	柄谷行人

第三辑

*哲学史：从托马斯·阿奎那到康德　　　　　　　　海德格尔
试论布莱希特　　　　　　　　　　　　　　　　本雅明
论拉辛　　　　　　　　　　　　　　　　　　　巴尔特
马基雅维利的孤独　　　　　　　　　　　　　　阿尔都塞
写给非哲学家的哲学入门　　　　　　　　　　　阿尔都塞
*康德的批判哲学　　　　　　　　　　　　　　　德勒兹
*无知的教师：智力解放五讲　　　　　　　　　　朗西埃
野蛮的反常：巴鲁赫·斯宾诺莎那里的权力与力量　奈格里
狄俄尼索斯的劳动：对国家形式的批判　　　　　哈特 奈格里
免疫体：对生命的保护与否定　　　　　　　　　埃斯波西托

第四辑

古代哲学的基本概念　　　　　　　　　　　　　海德格尔
黑格尔精神现象学的起源与结构　　　　　　　　伊波利特
卢梭讲义　　　　　　　　　　　　　　　　　　阿尔都塞
野兽与主权者 I　　　　　　　　　　　　　　　德里达
野兽与主权者 II　　　　　　　　　　　　　　　德里达
黑格尔或斯宾诺莎　　　　　　　　　　　　　　马舍雷
第三人：生命政治与非人哲学　　　　　　　　　埃斯波西托
二：政治神学机制与思想的位置　　　　　　　　埃斯波西托
领导权与社会主义战略：走向激进的民主政治　　拉克劳 穆夫
德勒兹：哲学学徒期　　　　　　　　　　　　　哈特